昭阳

【文化昭通】

苹果之城 世界鹤乡

总策划 杨亚林 郭大进
主编 王忠
本卷主编 张志 沈洋

云南人民出版社
云南出版集团

"文化昭通"丛书编委会

总 策 划 杨亚林　郭大进
主　　编 王　忠
副 主 编 尹朝禹　吴　静
执行主编 朱大庆　郑　萍　吕亚平
总 监 制 李　维
监　　制 江庆波

编　　委 李　勇　艾自由
编　　务 王嫣霏　张荣炯　陈文超　杨恩智　文　鹏

文化昭通·昭阳

本卷编委会

本卷总策划 江先奎　陶　毅
本卷策划 施华松　周　祥　费忠平　柯大林
本卷主编 张　志　沈　洋
本卷执行主编 彭　静

本卷编委 李林森　许　铭　李　战　张　宁　刘平勇　刘邦坤
　　　　　　吕维坤　祝　明　张　玮　王晓燕　周远清　朱　镛
　　　　　　王定波

本卷一稿 彭　静　刘平勇　刘邦坤　吕维坤　周远清　朱　镛
本卷二稿 彭　静　刘邦坤　朱　镛
本卷图片提供 昭阳区文联　昭阳区摄影家协会

图书在版编目（CIP）数据

文化昭通. 昭阳 / 张志，沈洋主编. —— 昆明：云南人民出版社，2018.12
ISBN 978-7-222-17227-2

Ⅰ. ①文… Ⅱ. ①张… ②沈… Ⅲ. ①地方文化 - 昭阳区 Ⅳ. ① G127.743

中国版本图书馆 CIP 数据核字 (2018) 第 099730 号

创意策划：	云南出版集团公司产业发展部
出品人：	赵石定
责任编辑：	刘 焰　文艺蓓　姚实名
设计总监：	袁亚雄
装帧设计：	雲南非鸟文化传播有限公司
责任校对：	陈春梅
责任印制：	洪中丽

文化昭通 · 昭阳
WENHUA ZHAOTONG ZHAOYANG

主编：	张 志　沈 洋		
出版：	云南出版集团　云南人民出版社	// 发行：	云南人民出版社
社址：	昆明市环城西路 609 号	// 邮编：	650034
网址：	www.ynpph.com.cn	// E-mail:	ynrms@sina.com

开本：	787mm×1092mm　1/16	// 印张：	17.5	// 字数：	225 千
版次：	2018 年 12 月第 1 版第 1 次印刷				
印刷：	云南出版印刷（集团）有限责任公司　云南国方印刷有限公司				

书号： ISBN 978-7-222-17227-2　　// 定价： 79.00 元

如需购买图书、反馈意见，请与我社联系
总编室：0871-64109126　发行部：0871-64108507　审校部：0871-64164626　印制部：0871-64191534

版权所有　侵权必究　印装差错　负责调换

云南人民出版社微信公众号

总序

600 万年前,地球这颗星球还是一片蛮荒。

现今的昭通坝子是野生动物的乐园。

猿、䴥鹿、貘、剑齿象、犀牛、河狸、水獭在这里生生灭灭。

太古蛮荒,日长如年。

星球旋转,时序更迭。

几百万年的岁月就这样过去。

10 万年前,昭通过山洞一带,有了"人"。他们从哪里来,不知道;他们怎么生活,不清楚。

昭阳巡龙湾、鲁甸野石、巧家小东门等石器时代遗址的发现,让历史的蒙昧天幕依稀闪现出了一丝文明的曙光。

人类在繁衍,母系、父系,生生不息。

部落在迁徙,登山、涉水,寻求更好的环境。

公元前 7 世纪的春秋早期,中原已是"郁郁乎文哉",滇东北高原还是一片黑暗。

一个人,一个部族的出现,改变了这一切。

他,就是杜宇!

昭通有文字记载的历史从此开始。

杜宇"从天堕,止朱提",拂去神话的色彩,应是一个在西南大地上迁徙的部族。他或他们在朱提——昭通坝子的突然出现,揭开了昭通文明史新的一页。

足音如雷,人声鼎沸;筚路蓝缕,以启山林。

从此，弹丸之地的昭通和中华文明的母体，紧紧连在了一起。

来也匆匆，去也匆匆。

稍事休养生息后，杜宇，又带着他的部族北上了。

如果说，文明是人与自然结合的产物，是人在自然界留下的痕迹，那么，杜宇刻在昭通的痕迹，是既涂且重了。

这条痕迹在滇东北的密林深箐，崇山巨壑中往北延伸，进入川南，直达成都。

这，就是五尺道的前身。

不管后人把这条道路叫作海见之路、盐铁之路，抑或是茶马之路、丝绸之路，但它实实在在是一条羊肠小道，是一条文明的脐带。

而这条路，是杜宇和他的部族，用脚板走出来的。

昭通，是这条文明脐带上的一个重要节点。

整个春秋战国时代，正是这一条血脉，联系了中原和南滇，尽管有时它似乎微弱得似有若无。

公元前4世纪末，李冰为蜀守，修筑了闻名于世的都江堰。但，不要忘记，他还有一个功劳，就是修筑了从僰道（今宜宾）通往滇东北的道路。

又过了百年，到公元前3世纪末，秦始皇"席卷天下，包举宇内"，海内一统，雄才大略的他又把眼光盯在了这条道路上，他派常頞在李冰修筑的基础上，把路往南延伸，"五尺道"初步定型。并在"诸此道颇置吏焉"，秦王朝的触角伸向了这里。

昭通"锁钥南滇，咽喉西蜀"，成了中原通向云南的桥头堡。汉文化、西南夷文化在这里交融，碰撞出了绚丽的火花。

文化昭通的滥觞从这里开始。

西汉王朝设郡置县，通道置驿，移民屯田，中原的先进文化随着铜铁竹木、僰僮髦牛的贸易，源源不绝输入这里。西汉末，文齐率夷汉人民"凿龙池，溉稻田"，说明农耕文化已然发展。

东汉，随着南中大姓的兴起，汉文化已扎根这片大地。灿烂的

朱提青铜文化,使昭通成为名副其实的"中国汉洗之乡"。被誉为"南中瑰宝"的东汉《孟孝琚碑》是儒风吹拂高原的明证。它那理性而悲愤的文字内容、沉郁而厚重的书法风格,连同朱提青铜器那精美的制作工艺,至善至美的工匠精神,给昭通文化不小的影响。

东晋"霍承嗣壁画墓"中的夷汉部曲壁画形象,是夷汉文化在昭通进一步融合的明证。这时的昭通"其民好学,为南中冠冕",文化的发展已然走在云南的前列。

当然,文化的发展从来是不平衡的。五尺道沿线及坝区的居民点,受汉文化影响较深,南中大姓基本沿用内地的生活方式,而边远山区的一些部族,到了晋代依然还是"食内衣皮、言语服饰不与华同"。

南北朝至隋唐,随着中原王朝的衰微,"夷强汉弱",文化的发展亦进入低谷。

唐宋昭通夹在中原王朝及云南地方政权南诏、大理之间,天高皇帝远,除豆沙关留下一小块唐袁滋摩崖刻石外,未发现更多的史料及文物。

宋、元、明三代,昭通与中原多数时间"荒梗不通",成为乌蛮土司"争官夺印"、互争雄长之地。生产力停滞、倒退,文化建设上亦乏善可陈。

清雍正年间的"改土归流",无疑是昭通政治、经济、文化发展史上的一个分水岭。流官、营兵、垦户、矿厂的大量入昭,带来了汉文化的再度复兴。"乌暗蒙蔽"变而"昭明通达",昭通迎来了历史上第二个文化的高峰,从而开昭通近代文化之先声。

民国昭通作为云南高层领导龙云、卢汉的故里,素有"小昆明"之称。云南作为抗战的后方,大量南渡北归的文化人经过,为昭通带来了文化的新气息,使昭通文化的发展,比肩于内地发达地区。

改革开放后,惊雷声声,万绿齐萌于沃野;春风忽渡,鲜花竞放于高原。"昭通作家群"的异军突起,标志着昭通文化进入了一个希望的春天。

回眸昭通文化,它像一条历史长河,千折百回,跌宕起伏。时而惊涛裂岸,时而幽咽泉流。有辉煌也有暗淡,有厚重也有单薄,有前进也有停滞。

凝视它,有欣喜也有苍凉。

我们没有理由妄自菲薄,我们更不该夜郎自大。

昭通文化,是一个复合多元的文化,是生活在这块土地上的各族人民共同创造的。这条文化的长河,流淌着生活在这块土地上的各族人民的心血和汗水,是各族人民共同创造的结晶。

从杜宇部族脚下的草莽小径,到蜿蜒曲折的五尺道,到今天的高速公路、铁路、航空线,文化的脐带愈来愈宽阔、愈来愈结实。

交通,与昭通文化的关联太紧密了。

昭通、昭通,不昭不通,不通不昭。

昭明,才能通达;通达,将更加昭明。

一个更开放、更包容的社会,将更有助于昭通文化的繁荣兴旺。

在前进的道路上,我们既要回望传统,又要放眼未来。

要守住自己的根,也不要小视别人的果。

要有文化的自信,更要有文化的自省。

这样,我们才能长大。

序

苹果之城　世界鹤乡

昭阳区地处滇东北,历史悠远,人文荟萃,物华天宝,风光如画,是磅礴起伏的乌蒙山里一个神奇美丽的地方,昭通市的政治、经济、文化中心。东与贵州省威宁县接壤,西隔金沙江与四川省金阳县相望,南距云南省会昆明市三百余公里,北距四川宜宾二百余公里。

人们习惯上还是称之为昭通,原因是将近两百年来,昭阳区这个行政区域不管是清朝称之为恩安县也好,还是改为昭阳区之后,大概念上包含着昭通市的其他十个县,都称为昭通,小概念上又是区别于十个县的叫法,当然在改称昭阳区之前,是昭通地区的昭通县和县级昭通市。在人们普遍的心理上,昭阳就代表了昭通。这里可算是一片魅力热土,以宽阔的昭通坝子中的昭通城为中心,辐射着周边十个县,属滇、川、黔、渝交汇的腹心,被称为中国黑颈鹤之乡、苹果之乡、褐煤之乡,还被赞为避暑胜地、高原明珠、旅游天堂等等。

昭阳,翻阅历史,这里就是乌蒙古道;放眼自然,这里就是鹤乡——黑颈鹤爱恋的家乡;体味人文,昭通城就是宜居和避暑的秋城。

昭阳区与乌蒙山区的其他县区一样,有乌蒙磅礴的大山气概,大山大水之中大有风光也大有文章。不同的是这里有一个硕大的昭通坝子,是云贵高原之上,犹如把高山当作围栏围起来的大花园,与昆明、大理等地富饶的坝子并列,堪称西南版图上的风水宝地。

科考证明，昭通坝子史前就极度神秘，堪称"古象之邦"，也可算作是"古人类最后的避难所"。10万年前，早期智人"昭通人"就在这里穴居繁衍，传说中神秘的僰人就在这里休养生息。这里在历史上曾经出现的"千顷池文化"与"古滇文化"和"洱海文化"合称云南的三大文化发祥地。

史书证实，这里在部落时代就出现了农耕文明，而且被带到川蜀直接促进了天府之国的早期文明。秦朝时期开凿了"五尺道"，打开了云南面向中原的门户，昭通就成了南滇联结中原的必经通道。汉代又开凿"南夷道"。公元前135年，汉武帝在此设立朱提郡，昭通这个特殊的区位，就变成了著名的"古代南方丝绸之路"的要冲。唐以来至清雍正，这里一直称为乌蒙，因而，站在历史的角度上看，这里就是一条乌蒙古道，映衬了史料上所记载的"锁钥南滇，咽喉西蜀"之说。

"望帝春心托杜鹃"的杜宇，就是从这里走出去，把初级的农耕技术带到了蜀地，建立了一个庞大的王国，成为望帝。而彝族始祖笃慕，在这里生息发祥，励精图治，并进行了六祖分支，使夷人后裔从这里开始向四周播迁壮大，这里就是彝族主体民族的发祥之地。特别是秦汉以后，这里成为云南与中原互相沟通的重要门户，中原文化、巴蜀文化、古滇文化以及荆楚文化在这儿交汇，在文化辐射和相互融合的过程中，自然就积淀深厚，形成了多元文化一体又独具特色的朱提文化。

这里唐代改称乌蒙，在彝语中为"美丽富饶""盛开的山花"之意，足见虽处僻壤，却也宜居。明洪武年间，又一次外来人口的大量涌入，在印证了这里是魅力热土的同时，集合着民族文化和民间风俗的融合与升华。

1730年，清雍正改土归流的战乱平息，天梯古城毁弃，重建城池，易名昭通，寓昭明通达之意。历雍正、乾隆、嘉庆的百年间，昭阳古城成为滇川黔三省接合部之重镇。"当其盛时，四城皆有当铺及毛货店，均系陕人。在乾隆年代，乐马厂大旺，湖广人相率而来，不知凡几。右江人贩运布匹，设号贸易者尤多，远及闽粤之人亦闻风蚁附。"银铜的深入开发，再度激起昭通的繁华。

晚清到民国，以龙云为代表的一大批集大成者，或植根国学渊海，或热衷新兴思潮，或蹈火民族大义，活跃在纷乱的各阶层，在民族存亡的大拯救中，彰显出被誉为"小昆明"的昭通精神。

1934年，昭阳古城在龙云的直接关心下，进行了一次较大规模的改造，把陕西街的铺面缩退一部分，门面全部改为西式，拓展了街道的宽度，提高了门面的高度，形成了独具特色的中西结合风格。同时，拓展城市外围功能，补充了古城城市功能的不足。而古城区域，依然延续清代的建筑风貌。一直到1950年解放初期，昭阳古城规模依然，古城核心区面积为0.67平方公里，主要街道为平均宽4米的铺石路面，房屋建筑面积为56.4万平方米，主要是清代建筑。一直到后来的很多年里，昭阳古城一直维持着它原来的清代、民国建筑状貌。

"十一五"开始，昭阳区城市建设进展迅速，古城恢复建设有序推进，历史风貌日益凸显；旧城改造工程进展顺利，城市功能逐步完善；新区路网骨架基本形成，建设逐步展开。尤其是"十三五"开始，昭通各方面的发展迎来了千载难逢的良机，整个城市几年间发生了天翻地覆的变化，犹如一个全新的世界。

谚语说，昭通坝子宽又宽，轱辘团转都是山。不错，昭通坝子四周都是山，一层一叠地延展开来，山与山之间间或又有稍小一点的洒渔坝子、靖安坝子之类的亦地。昭通城就坐落在昭通坝子的中间，这座城市属于昭阳，更属于昭通。历史可说久远，也可说不远。曾经的大木那天梯古城，可算是昭通城的前身，地道的犹如土夯的一座城市，伴随昭通人类文明而自然形成，却在清雍正年间毁于一旦。继而在离之十里之外的二木那整体规划修建城池，也就是现在的昭通城古城范围。

而今的昭通城，早已穿过民国时期的鼎盛，熬过了因为交通格局的改变而被撇开的历史，从曾经称为"小昆明"的云南第二，发展滞后沦为全省最后通高速市级城市之一。迎来了新的区位优势和新的发展格局，处在西南四大中心城市的腹心，国家"攀西—六盘水"经济开发区的腹心地，云南连接长江经济带和川渝经济区重要的枢纽城市、金沙江水电开发重要的前沿城市，正在被打造成为滇东北城市明珠，并努力建设成为引领省际区域发展的滇川黔省际中心城市。

昭通坝子气候宜人，资源繁多，物产丰富，古来就有搬不完的昭通之说。坝子地下蕴藏的褐煤，储量巨大，探明的就达80.97亿吨，居全国第二位。坝子里表面上四季分明，却也最宜人居，常年蓝天白云、阳光明媚、空气清新、秋高气爽，正所谓四季如秋。酷热的夏天，昭阳的南面和北面，都比较炎热，即使太阳当顶气温最高的时候，每当走到树荫之下，只要是太阳没有直射的地方，顿感凉爽无比，从来就没有晚上睡觉盖不了被子的时候。况且，就没有雾霾之说，除了阴天，这里每天都是凉风习习，天高湛蓝无比透亮，尽管偶尔有寒冷的冬天，天日也不会很多，冬天反而更加温润光洁。这种气候，最令大都市市民奢望和渴求，不愧为避暑胜地。

秋天的色块，尽显高原的魅力，随处可观的果园，硕大的红苹果挂满枝头，隐约的苹果甜香味扑鼻而来，尽显最大的南方优质苹果基地盛景。昭通坝子俨然就是一个巨大果园，昭通城就犹如坐落在几十万亩的优质苹果园中。以前可是要接近秋天才看得到苹果的样子，而现在一年四季昭通城内都有昭通苹果陈列销售，尤其是秋冬，走错路都会看到苹果铺面，甚至整条街的"苹果展览"，一溜烟排开的红苹果，染成了街道的颜色，几乎会晃人的眼睛了。还有，那苹果的香味，从果园扑鼻而来，钻进城市的每一条街道，钻进每家每户，整座城市仿佛都是香的，就是那种苹果之香。难怪，有人现在把昭通城直接叫作"苹果之城"。

还有出名的樱桃和葡萄等等优质水果，以及琳琅满目的各种物产，呈现的都是一片丰收的景象。当交通才有一丁点儿改善时，四面八方的人们，尤其是酷暑难熬的四川、重庆人，已经悄无声息地到昭阳来置办住房，就是来避暑，来享受这里的秋高气爽。难怪在民间，昭通城就是地地道道的秋城，与昆明春城相得益彰。

昭阳区除了坐落有昭通城的坝区，更多的还是山区和半山区。

在山区和半山区之间，大山大水与其间的坝子融合成了昭阳的一幅神奇瑰丽的山水图谱。

昭阳区地势西高东低，有完整的高原山峦和高原坝子，也有汹涌湍急的江河。乌蒙山脉绵延雄奇，或高耸峻拔，或磅礴逶迤。山高谷深，必然绮丽壮观。这样的景，既现实又浪漫，仿佛出自国画大师笔下，真乃人间仙景！

仁者爱山，昭阳的山尤以大山包最为壮观。

从昭通城一路向西，跨过洒渔河，越过几道梁子，缓缓爬上一个硕大的山包包，全程几十公里，就真切地到达天高地厚的大山包了。

穿过大羊窝集镇再往西，延绵的草原便戛然而止，眼前俨然就是人间奇景，鸡公山探头峡谷，深不可测，恍若天边。忽而云雾倾泻，形成了罕见的云海瀑布。转眼间，脚下铺就出辽阔的云浪，剧烈翻滚潮涨潮落。紧接着，透过天空的缝隙，迸射出万丈光芒，直落进浩渺的大峡谷。谷底的牛栏江交汇入金沙江，隐约如蜿蜒细小的白练，而遥远的山峰若隐若现连绵不绝。

令人震撼的景观，除了雄奇险峻的鸡公山和大峡谷，还有万亩草场仙人田，透亮如镜的湖泊和水草丰茂的湿地。日出、夕阳、云海、佛光、羊群是常见之景，草甸、色块、雾凇和雪原应季节而呈现。天然而淳朴，壮美而神奇，完全是造物之神的杰作。

大山包是天然的。草甸绵延厚实，湖泊辉日映月，湿地古朴柔美，峡谷博大雄浑，深藏于乌蒙山，横亘在大西南。她早晚不同四季各异色彩纷呈，春夏相映，从黄中泛绿，继而野花斗艳，铺天盖地，接着便漫天碧透，翠绿欲滴。秋冬相连，色块绽放，红黄蓝白，鳞次栉比，犹如七彩斑斓的油画世界。碰上漫天飞雪，山峦、湖泊、峡谷、村庄便组合成别致的景象。

大山包是温馨的。每年旧历九月初九，一千三百多只黑颈鹤群聚而来，在这最大的越冬栖息地，成群地追逐打闹，成对地爱恋嬉戏，成家地翱翔九天，演绎忠贞之爱和家的温情。晨辉斜照，鹤鸣声声，惊起满树的冰挂叮咚作响。

　　大山包是灵动的。放眼可见，飞鸟嬉闹在平静的湖面，垂耳可听，山歌和羊群的咩咩，飘过原野荡进流云；红头巾、披毡和马帮，流动在集镇与山村之间；而游客的惊叫与欢呼不时惊醒了峡谷，撵动了浓雾；炊烟、篝火依然映衬着古朴的民风和彝苗的情怀；大羊窝中心集镇，更是车流不息，人潮涌动。

　　这是心灵放飞的地方，这是黑颈鹤依恋的家乡。草场万顷，峡谷千丈，晴空悠悠，碧波荡漾。春来云海漫金江，夏天羊群披霞光，秋来荞麦织锦缎，冬天鹤儿扮银装。这是一片净土，是中国的，也是世界的，人们以"地球之肾""最美湿地"诠释，以"鹤之天堂""摄影乐园"赞誉。休闲观光震惊了游客，科考探险影响着中外，追光捉影惊叹了大师，拉力赛陶醉了八方健将，国际翼装飞行聚拢了全球的目光。

　　因为大山包，因为黑颈鹤，昭阳区就是名副其实的鹤乡。

　　在这高山峡谷间，有一条河，发源于鲁甸县水磨乡滴水大海子，汇百家洪流，纳万山涓滴，一点点，一滴滴，一丝丝地汇集起来。它就是洒渔河，也就是古人所谓的"朱提江"。洒渔河流经区内的苏甲、洒渔、靖安几个乡镇，曲折蜿蜒，浩渺东去，一直延伸到水富县，流入遐迩闻名的长江，最后注入东海。

　　金沙江，也是昭通市与四川省的界河，沿昭通西部边缘自南向北流经巧家、昭阳、永善、绥江、水富县出境。虽然在昭阳区境内只有23公里，但却演绎了多少惊世骇俗、感天动地的故事。

　　眼下的昭阳犹如一方净土，极富旅游资源禀赋。

　　且不说大山包代表自然的名片，就从人文的角度，昭阳既有厚实的历史积淀，又有新时期的突飞猛进，呈现出来的就是一轴生生不息、包容奋进的人文长卷。

　　尽管昭阳城市不是那么的繁华，但这座城市完整的就是一座人文的城市。随眼望去，都是人文景观。古城以辕门口为中心，按照八卦防御阵势，讲究南文北武，辐射到四门。每一条古街古巷，都有独自的特点，承载的是岁月的久远和文化的丰厚。房屋的建筑风格，既有清代官式建筑的范儿，又具备与徽派建筑融汇的特点。辕门口这个中心，不但是古镇署衙门所在地，还是昭通人集结北上抗日的出发地；陡街青石板的光辉，反射着一字排开的法式建筑门面，不但映照着"民国小昆明"余韵，还彰显着昭通人既耿直倔强又厚道包容的个性特征；云兴街的龙宅十三院以及古色古香的过街楼，传递出来的是曾经的云南的兴旺发达，从这儿起步；怀远街、集贤街、文昌街、大局街、文渊街、挑水巷、寿福巷这些街名，透视着的是浓郁的民俗和文化的重量。文庙、凤池书院、武庙、八角亭在老昭通的记忆深处咋也挥之不去；两广会馆、陕西庙承载了南来北往商贾集结的情怀；此外，清官亭的"一官已留清白去，何人更踏软红来"更是点明了"者点水无多，此间尘不染"的三多塘的历史记忆。而毛货街的天主教堂、清真古寺，下排街的静心禅寺、集贤街的基督教堂，还有大龙洞的道观，共同映射着五大宗教文化在昭通的共存共荣，以各自不同的宗教形式引领人性的向善向德。

曾经的昭阳八景，是自然的更是人文的。无论是龙洞吸月还是洒渔烟柳，无论是宝山环翠还是恩波蜃影，不但久负盛名，而且更富时代气息。水塘坝、过山洞透视着远古的神秘，昭阳古城承载着时代的更迭，清官亭、龙氏家祠描绘着人文的重彩，千顷荷田与万亩果园正铺就着现代农业的观光锦绣。透过眼球触及的表面繁华，还彰显着一种独特的坚韧执着、奋斗不息的人文精神。

过山洞发掘出昭通人牙化石，水塘坝正在进行的考古发掘，惊现了600万年前古猿头骨化石以及剑齿象等大型化石而轰动国内外，而一座李家花园和龙氏家祠，就可以佐证昭通在晚清到民国整个昭通乃至整个云南的政治、经济和文化。

磅礴乌蒙的群山，孕育了生生不息的昭阳人，出现过为云南和平解放做出贡献的爱国将领、原国民政府云南省主席龙云、卢汉；走出了在楚辞学、敦煌学、语言学、历史学等方面均有举世瞩目的造诣和贡献，被誉为"国学大师"的姜亮夫；孟孝琚碑、晋墓壁画以及数以万计的珍贵文物，牵扯着的是著名考古学家张希鲁以及博古通今的文化巨匠谢饮涧；百姓口碑中一直传说着一位扶贫济困嫉恶如仇并威震台儿庄的传奇义侠，极富褒义色彩彭家拳创始人彭勤；还有文化教育界引以为豪的曾经引领新思潮和进步文化的萧瑞麟和包鸣泉。当然，民间还有无数富有地方智慧的耿二金刚和柯四先生等等。

当下，这里还走出了中科院副院长张亚平，享誉欧洲、备受世界摄影界权威大师布勒松和马克·吕布看好的国际摄影大师吴家林，先后获得鲁迅文学奖的夏天敏和雷平阳。

昭阳，云南一隅，滇东北昭通的核心，恍若一幅波澜壮阔、神秘绮丽的山水图谱，也如一部古色古香的历史典籍，更是一部奋进不息的人文长卷。随着新的交通格局的构建，新的区位优势不断显现，迎来了千载难逢的发展机遇，即将渡过爬坡上坎的难关，以突飞猛进的姿态迎来前所未有的大发展大变化。在新时代的曙光里，在现代化的光芒下，在全市以"133"工作思路为指引，以"脱贫攻坚、交通先行、产业培育、新型城镇化、教育兴昭、生态文明"的六大战略全力推进后，昭阳中心城市正在创建卫生城市、园林城市、平安城市和文明城市，必然是云南继大理、丽江之后的后发优势城市，成为璀璨的滇东北明珠，引领区域发展的滇川黔省际中心城市。古老而又年轻的昭阳——这片风姿绰约的神秘热土，一定会让南来北往的你爱恋，驻足，流连忘返。

目录 Contents

1　总　序

5　序　苹果之城　世界鹤乡

001　第一章　古道如弦拨动悠悠往事

002　人烟，飘起就再没断过

017　探路者顺流而下

030　兹兹普乌，梦中的天堂

042　向南，向南

064　银铜的山峰

095　芳草随人上古城

121　第二章　岁月随风芳华沉淀

122　文物佐证斯文在兹

136　从昭阳八景说开

149　人脉传递文脉涌动

172　记忆的指尖与舌尖

191　第三章　黑颈鹤擦亮天际线

192　秋城团转大山大水

213　酸酸甜甜的人生况味

225　世界的大山包

245　似曾相识雁归来

第一章
古道如弦拨动悠悠往事

在这片土地上,十万年前的炊烟,飘起就再没有断过;十万年前的梦想,诞生就再没有停过。时光之水漫漶,沉淀的历史执拗而温暖。有耕田而食、凿井而饮的田园牧歌,有率性而为、雄踞一方的英雄咏叹,也有刀光映月、血流漂杵的怆痛哀婉。望帝春心托杜鹃,泣血的哀鸣,俱是思乡去国的叹息;六祖分支祖灵地,千年的相思,只为灵魂回归的家园。向南,向南,目光的方向换来了大秦帝国的崛起。五尺道、南夷道、朱提道,脉络畅通,文化的血液汩汩流淌。搬不完的昭通呀,朱提银的光亮迷乱了几个王朝的眼睛。满怀梦想的人,繁华了这座锁钥南滇的昭阳古城。

人烟，飘起就再没断过

> "人烟"，这恐怕是汉语言文学中最唯美、最温暖的词语。有人居住，有炊烟袅袅升起，然后就有生生不息，就有繁衍和创造……昭阳区最早的先民是谁和谁？这恐怕是一个无解的问题。

大地是有记忆的。或许，时间只不过是大地容器里流淌的水痕。亘古的大地，万年的时光。它的久远，并不只是在纸页里，它的体温依然可以触摸。哪怕几百万年前那些久远存在的事物，那些阳光和风雨，似乎依然让我们触手可及。

2009年11月，深秋的昭阳已初见寒意。在昭阳区太平办事处一个名叫水塘坝的地方，来自美国宾夕法尼亚大学的古生物研究专家和中国考古专家，在这里像刚过去的夏天一样，把发掘工作干得热火朝天。发掘现场是原先开采褐煤遗留的场地，水雾弥漫，蒹葭苍苍。他们一连几天的紧张工作，所发现的，都是些两栖类、爬行类、哺乳类、草食类、肉食类、水禽类、啮齿类、飞禽类动物化石。他们一直幻想，在这块土地下面，应该埋藏着许多有趣的东西。但是，好运一直没有出现，就连大型动物的牙齿也没有。这不得不让专家们有些落寞。突然，一位专家的起子碰到了坚硬的东西，他急忙停下，换用小手铲慢慢地将土剥离。不一会儿，一个长30多厘米的长弧形的物体呈现出来。大家赶过来一起加快速度清理，动作既熟练又准确。只见泥片像刀削面一样，唰、唰、唰地就

❶ 水塘坝考古发掘古象化石
❷ 昭通昭阳古象化石

下来一大堆。再用刷子刷去残土，一颗巨型灰褐色的古象牙化石便呈现在大伙的眼前。

真是一个奇迹！大地一直隐藏在土里的千古之谜正在逐步露出端倪。这样的发现不得不让人激动。这一天，真是一个值得庆贺的日子，专家们不仅找到了古象牙化石，紧接着还一连刨出了三具古象骨骼化石。三头古象，两头成年，一头幼年，是不是不幸而又幸运的一家子？它们头部都朝着东方，看样子是在湖边喝水时突然发生巨大的变化，才使它们被埋藏于此。头朝东方，是朝霞的艳丽吸引了它们好奇的目光？然而灾难在猝不及防的瞬间发生了，三头古象的生命永远停留在那朝霞满天的时刻，瞬间即是永恒，幸与不幸实在无法言说。

第二年，专家们再次来到这里，继续寻找古象踪迹。然而，出土的化石已经远不止古象群、鸟类、啮齿类、食肉类动

物了。谁也没有想到，举世为之震惊的古猿头骨化石闪亮登场。水塘坝，看上去一块不起眼的土地，竟埋藏着巨大的宝藏。

2013年9月6日，《人民日报》以"云南昭通出土600万年前古猿头骨"为题报道："昭阳区水塘坝古生物化石遗址发现距今620万至610万年间的古猿头骨化石，弥补了亚洲古猿发现的时空空白，对欧亚大陆早期人类起源及其环境背景关系的研究具有极其重要的意义。""新发现的古猿头骨属幼年个体，面部基本完整、保存状况极佳，仅有微小变形。其眼眶呈圆角方形且宽大于高、眉脊明显开始发育、中面部宽短、突颌程度较弱，这几项特征使其更接近最早的人类祖先。且经过对多项特征的甄别，排除了其与猩猩的关系。经测定，昭通古猿的年代为距今620万至610万年间的晚中新世末期。这一时期，欧亚大陆其他地区的中新世古猿由于气候恶化而绝灭，但在云南却继续生存、演化，这表明包括云南在内的中国西南地区可能是古猿演化的'避难所'。昭通古猿因此成为欧

❶ 古象化石群发掘现场
❷ 三善塘露天采煤厂出土的古象化石

亚大陆其他地区古猿都已绝灭以后残存的代表，显示出在晚中新世末期，因青藏高原隆起形成的不同地理单元以及季节性气候的加强，导致生物群快速进化和更迭的情景。"这是一个惊人的消息。

地质学研究的最新成果表明，在亿万年以前，目前我国版图以内的绝大部分尚属于古地中海——特提斯洋的一部分。古地中海——特提斯洋的北边是亚欧大陆，西南边是现在已然消失的非洲、亚洲印度、澳洲相接的古冈瓦纳大陆。今新疆、青海、甘肃的南部，四川、云南的西部均处于古特提斯洋的边缘海域；北方的晋、陕、辽、吉、蒙五省区的大部分，南方的川、渝、黔、桂、湘、鄂、赣、皖、浙九省区市的大部分也是与古特提斯洋相接的浅海盆地。可以说，当时的古特提斯洋海水几乎完全淹没了目前我国的版图以内，而仅有一些被海水包围，又部分阻隔着海水的大小古陆与岛屿。其中川西至滇中南的川滇古陆，是当时最大的一块古陆。川滇古陆地处地球的赤

❶ 昭通昭阳古象化石
❷ 昭通昭阳古象化石

道附近，北回归线横贯其南部，地形复杂，地势起伏悬殊，气候温暖湿润，自然资源极其丰富，是古生物、古人类繁衍与进化较为理想的地区。正是远古地质的变迁，才造就了地球上迄今为止绝无仅有的古猿演化的"避难所"。

静止，不过是一种相对论。直至两三千万年前，地球板块是不断运动的。特提斯洋完全封闭而消失，以后，地形不断抬升，今日中国版图的地理格局才大体形成。然而，在以后很长时间内，北方地区由于地势低洼，海水时进时退，而常常发生水灾，甚而在四五千年以前，还留下"鲧禹治水""女娲补天"的神话。直至中国历史上的夏王朝时期，华北平原还到处是湖泊，且并不如今日之一马平川。东北的松辽平原除了森林与杂草之外，就是沼泽；辽河下游以及三江平原尚在海底（即后来的所谓"辽海"）；湖北江汉

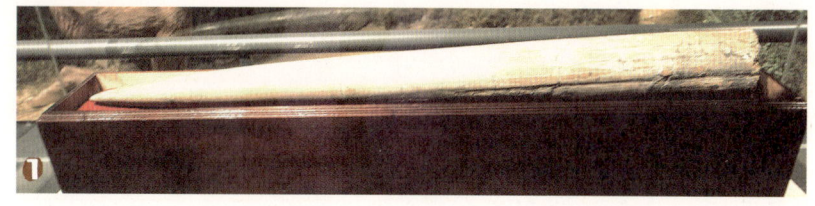

平原还是著名的"云梦泽",湖南还是方圆九百里的洞庭湖;今日海拔五米上下的沿海地区如天津、上海等地也都还在海底;曾经谓为"中华民族的摇篮"的古黄河,在今内蒙古河套地区,有北面的乌沙河汇入,流至今河南境内,又有洛河汇入,之后沿人行山麓流向东北,到今天的天津附近入海。

形象地说,"元谋猿人"已然形成并学会了使用火的年代,黄河尚未形成,长江还在西流,西北虽已隆起为陆地,然湖泊密布、水灾频繁,尚不适宜于人类的生活;而华北平原以及东部沿海等地区除了原来的古陆之外,大部分还在海底。而此时的昭阳,气候温暖,空气湿润,森林茂密,生活着大象、鹿、老鼠以及各式各样的鸟类等生物。古猿人在这里自由生活,充足的食物和温和的气候条件,使他们的日子自足而惬意。

这块土地上的古猿,是否是人类的祖先,这需要更多的发现和更长久、更艰苦的研究,也为科学家们留下了充满魅力的探索空间。

我们应该敬畏任何一块土地上历史存在的一切过往。一座

❶ 考古发掘出来的2米多长古象牙化石
❷ 昭通昭阳大型古象化石发掘现场

山坡，一条河流，或者一片树叶，或许，都隐藏着一个神话，弥漫着一段历史。根据考古发掘资料，这块土地的历史，可以追溯到远古时代。

1982年，在昭通市北闸过山洞内发掘出一枚人牙化石。经鉴定，其年代在距今五万年到十万年之间。其生活的时代约相当于考古学上的旧石器时代后期，属于"新人"类型。人类由"古人"进化到"新人"。原始社会便进入了母系氏族社会的早期阶段。过山洞人牙化石，是"新人"阶段最早的人类化石。学术上命名为"昭通人"。它与1951年在四川资阳发现的"资阳人"同属一个时代。由于它是"古人"与"新人"的继往开来者，因而对研究人类发展的历史有着重要的意义。这从一个侧面反映了昭阳区是人类起源和发展的重要区域之一，早在五万年前，所谓的昭通坝子里就有人类劳动、生息、繁衍。

过山洞昭通智人牙化石

牙齿是人身上最坚硬的东西，这枚牙齿不知从谁的嘴里脱落，竟然穿越五万至十万年，冷峻地面对着今天的我们幼稚的目光。谁能知道当初的先人怎样在广袤的原野里匍匐、挣扎和奔跑？谁能想象曾经的第一缕炊烟，怎样扭曲着身子漫过纯洁的蓝天？

"人烟"，这恐怕是汉语言文学中最唯美、最温暖的词语。有人居住，有炊烟袅袅升起，然后就有生生不息，就有繁衍和创造……昭阳区最早的先民是谁和谁？这恐怕是一个无解的问题。我们只知道，在这块土地上，十万年前的炊烟，飘起就再没有断过；十万年前的梦想，诞生就再没有停过。民国《昭通县志稿》记载："昭之为地，本属荒服，地广人稀。旧志所载，最古者莫如徭人，其次曰夷曰苗曰回等……徭：又号曰马湖子。……后为凉山夷人攻入，其种遂灭。"

"马湖子"究竟是一些什么样的人？历史文献中最早记载昭通民族构成的是西汉司马迁的《史记·西南夷列传》。司马迁在记叙了夜郎、滇后说："滇王者……其旁东北劳浸、靡莫，皆同姓相扶。"昭通位于滇之东北部，劳浸、靡莫与滇同姓，也应与滇

博物馆珍藏的是从远古到现在的厚实历史

同族。《华阳国志》中"滇濮"连称,则滇为濮族。公元前135年,汉武帝在昭通设治为朱提郡。晋代佚名撰《南中八郡志·永昌郡传》记:"朱提郡……川中纵广五六十里。有大泉池水,僰名千顷池。""滇濮"在《史记·货殖列传》中写作"滇僰"。从这些记载中可以考证,昭阳区当时的主要居民应该是濮族。在古代,濮族是我国南方一个很大的族系。所以又称"百濮"。"濮族"最早参加了周武王伐纣的战争,是《尚书·牧誓》中出现的"牧誓八族"之一。"马湖子"应该就是濮族。《昭通县志稿》记录的传说反映了"夷人"赶走"濮"并取而代之的经过。

秦汉之际,昭通的主体民族被历史文献称为"僰人",其族属仍为"百濮"族系。"僰"字从人,《水经注·江水》引《地理风俗记》中称为"夷中最仁,有人道,故字从人"。当时,滇池地区与内地的交通,主要是通过滇东北的僰人居

❶ 据说是僰人后裔
❷ 僰人悬棺

住地区。《汉书·百官公卿表》称：县"有蛮夷曰道"。僰道（今四川宜宾）是秦汉通往僰道县以南的云南僰人地区的经营据点。秦、汉修"五尺道"和"南夷道"，都以僰道为起点向南延伸，经滇东北直达滇中地区。这里地处交通要道，先民在长期和中原的交往中，吸收了较多的汉文化。

魏晋时期，汉文史籍把云南东部、贵州西部、四川南部的主要居民称为叟人，有时则以叟、濮并列。隋唐时期，彝族先民地区有了乌蛮与白蛮的分化，乌蛮系由昆明部落发展而成，白蛮系以叟、濮为主体，并与其他民族融合而成。

当然，中国56个民族的划分和称谓，是在1950年以后进行民族识别后才有的。也就是说，在1950年以前，没有彝族这一名称。无论是"马湖子"、徭人、滇濮，还是僰人、叟人、夷人等等，其实最终都融汇成这块土地上最古老的居民——彝人。彝人在昭阳的发展历史，有耕田而食、凿井而饮的田园牧歌，有率性而为、雄踞一方的英雄咏叹，也有刀光映月、血流漂杵的哀婉。时光之水漫过，沉淀的历史执拗而温暖。

这块土地的文化源头。它不是藏于书本上，而是活在时光里。任凭时光飞逝，它都藏于永久的记忆里。

历史，有时犹如水的波浪，有时如同隆起又凹下的曲线。东晋王朝建立后，在南中改变了诸葛亮的"和抚"政策，政治混乱，朝令夕改，一些官吏懦钝无治、政以贿成；一些官吏残暴奸诈、鞭挞殊俗。疯狂镇压少数民族和汉族人民，使当地大姓、夷帅的政治经济利益受到侵犯，不断激起夷汉人民的反晋斗争。朱提、建宁二郡是汉族屯民和大姓比较集中的地区，而这几十年的政治动乱，又主要集中在朱提郡。所以使东汉、三国时期曾一度经济文化繁荣的朱提郡逐渐衰落，甚至城郭变为丘墟。居住在这里的汉族屯民，纷纷迁到滇中或滇西地区。即《华阳国志》所载"晋民或人交州，或人永昌、牂柯，半亦为夷所困虏"。这样，使唐初云南的政治经济文化中心，由滇东北转移到滇西，朱提也就逐渐衰落，社会经济得不到发展。《晋书·李雄》记载说："南土频岁饥疫，死者十余万计。"《华阳国志》记载："时荒乱后，仓无斗粟，众无一旅，官民虚竭，

昭阳早期人类活动意象

绳纪弛废。"晋亡以后，中原战乱频繁。宋齐梁陈对滇东北的统治，更是鞭长莫及，各王朝虽有在朱提设治的记载，官吏都未到任，只是遥领。

隋唐在今四川宜宾设戎州都督，管云南各州县，撤销了设在云南的地方政权。云南划分设立为16个羁縻州。羁縻州是内属正统王朝的以少数民族为主的地方，实际管理的是少数民族上层，王朝官吏只是遥领，即名誉上臣服于正统王朝。

唐王朝自天宝以后，云南境内南诏兴起，766年建立南诏国。南诏国是以乌蛮蒙氏为国王，白蛮大姓为辅佐，集合境内各民族（包括汉族）共同组成的统一国家。当时，朱提地区属于南诏拓东节度使辖区，因距南诏的政治中心较远，南诏没有在此设治。彝族土司成了朱提地区事实上的统治者，昭阳进入乌蒙时代。乌蒙一词为夷语的译音，先为乌蛮酋长之名，后为部落名、地名。其族为汉晋时期的朱提夷，唐代乌蛮七部落中的阿竿路、阿夔、阿旁，宋称乌蒙部、芒部。唐宋时期，他们在各自的领地内发展着本部落的奴隶制，社会经济发展十分缓慢。

乌蒙时期在昭阳历史上历时最为久远，几近千年之久，对昭通社会政治、经济、文化等方面都产生了深刻的影响。1253年元宪宗蒙哥命忽必烈进军大理，大理国王段兴智逃到滇池地区，忽必烈北还，留兀良合台镇守云南。1254年兀良合台受命打通与四川驻军会师的通道，率兵征乌蒙。元世祖至元十五年（1278年）元成宗大德元年置乌蒙路。1297年，增设乌撒乌蒙宣慰司，辖乌撒路、乌蒙路，隶属云南诸路行中书省。这是滇东北地区从唐天宝以后中断550多年建制后，新设治的开始。元代对乌蒙的开发主要是屯田。《元史·兵志·屯田》记载："仁宗延祐三年（1316年），立乌蒙军屯。先是云南省臣言，乌蒙乃云南咽喉之地，别无屯戍军马。其地广阔，土脉膏腴，皆有古昔屯田之迹，乞发畏吾儿及新附汉军屯田镇遏，至是从之。为户军五千人，为田1250顷。"又《元史·仁宗本纪》载："延祐三年（1316年）十月，调四川军2000人，云南军3000人，乌蒙等处屯田，置总管万户府，秩正三品，设官四员，隶云南。"《滇志》记载，"明年[即延祐四年（1317年）]七月增兵五千，给总管银印"。对于乌蒙屯田的事，泰定四年（1327年），还有云南行省平章政事默古斯"提调屯田"的记载。

昭通智人遗址过山洞

说明元代对在乌蒙屯田，发展农业生产，是相当重视的，组织领导屯田的官是正三品，并颁发给银印。

到了明初，在元代设置的云南行省的基础上，改路为府，更置州县。同时实行"土、流兼治""府、卫参设"的措施，以加强中央集权制对云南的统治。经济上，在以土官为主的府、州、县，贯彻了与一般地区相同的赋税制度。国家根据当地的户口、人丁、田亩的多寡，直接征收田赋、课赋。赋税制度的贯彻实施，反映了国家在该地区确立了最高土地所有权。土地不再是土司所专有，在原来属于他们的领地内，国家可以派进大量的军屯和民屯户进行耕种。《太祖实录》卷162，记载了乌撒、乌蒙、芒部当时的赋税。[洪武十七年（1384年）五月辛丑］"割云南东川府隶四川布政使司。改乌蒙、乌撒、芒部为军民府，而定其赋税：乌撒岁输二万石，毡衫1500领，乌蒙、东川、芒部皆岁输粮8000石，毡衫800领。又定茶盐、布匹易马之数，乌撒岁易马6500匹，乌蒙、东川、芒部皆4000匹。凡马一匹，给布30匹，或茶100斤，盐如之"。并规定了对土司的管理办法，如土官不得越境购置田产。土官犯法，如系选用的，与流官同律；如系世袭的，最后判决权属于朝廷。土官内部和土官之间的争执，必须服从朝廷的判决。土官须向国家供输银、粮等。

明王朝在云南各级地方政权的建置，府、卫参设，土地所有权的决定，赎税制度的贯彻与对土司管理的规定等，也就是从政治上、军事上、经济上和法律上对土司势力加以限制。这些措施最终的政治目的就是要废除土司，改设流官，这就是当时的"改土易流"或称"改土归流"。

明代对云南的开发，继续和发展了元代的屯田制度。《太祖实录》卷179载［洪武十九年（1386年）九月］西平侯沐英奏："云南土地甚广，而荒芜居多，宜置屯，令军开耕，以备储偫。"上谕户部臣："屯田之政，可以纾民力，足兵食，边防之计，莫善于此。"据史籍所载，当时来云南屯田的人数达40万到50万（其中军屯29万），屯田面积约占当时全省总耕地面积的一半。（据万历《云南通志》，

昭通早期人类生活场景推想

当时在籍官民田为178万亩,加上屯田为311万亩,屯田占总耕地面积的43%。)由于内地人民来云南屯田,他们带来了先进的生产技术和生产资料(如耕牛等),在各民族地区屯田,与各民族相处,使原来处于封建农奴制、奴隶制的经济受到冲击,对开发和巩固边疆、促进各民族地区经济的发展,有极大的作用。明代的屯田形式有军屯、民屯和商屯。乌蒙、芒部、乌撒、东川等地,除了沿袭元代的军屯外,据《明史》的记载也有民屯和商屯。

清雍正四年(1726年)春,云贵、广西总督鄂尔泰向朝廷进言,要求把隶属于四川的东川、乌蒙、芒部划归云南并再度实施"改土归流"。雍正同意后,鄂尔泰在乌蒙、芒部、乌撒等地实施了以彝族为主要对象的种族灭绝政策。成千上万训练有素、持枪挟炮的清军冲向赤手空拳的男女老幼及手持大刀、长矛和弓弩的自卫者。除"稍有姿色之女子不杀"之外,"在者杀,去者杀,妇孺杀……苟有持节者杀,夷妇与汉生子

者,以汉奸杀……"(《滇云历年传》)"八年九月十八日至九年正月十二日,题统计各路临阵斩杀及擒讯枭示之逆贼共一万一千余名,其滚岩落水并自杀自尽死者亦不止万余数,所有擒获分赏过之贼妇男女共八千余名……"(《鄂尔泰奏疏》)昔日富庶美丽的昭鲁坝子竟至于"四野荒莽,城郭毁尽,军无所资""寒冬腊月,蝇蚋扑面。举步髑髅,杯水半血"。据《重修望海楼碑记》记载:大屠杀之后,昭鲁坝子的人口"户不过七百",扎根于昭通大地已发展千年的彝族文化遭到连根拔除。

鄂尔泰之后,其继任者高其倬为收拾残局,采取措施鼓励周边地区群众迁入昭通居住,"无论汉、回、夷、苗概为招抚"。"共得数万户,给予耕牛谷种,俾各安业。"昭通才又逐步发展繁荣起来。到咸丰、同治年间,统治者又故伎重施,挑起民族矛盾,发动了长达八年之久的"咸同之乱",回族群众遭受了残酷的屠杀和迫害。

土地何其宽厚?她默默滋养众生,不分贤愚,无论美丑。

时光何其宽厚?她视万物为刍狗,包容一切,消融一切。

昭通镇署衙门

探路者顺流而下

> 杜宇带领着部分族人，顺朱提江探路而下，期望着有新的发现。他们越走越远，眼前的世界也越来越大。到了江源，杜宇获得了女酋长"利"的爱情，两大部族实现了大融合，杜宇的力量逐渐壮大，最终取代鱼凫而成为第五代古蜀国王，号望帝。

僰人悬棺

人类最早的故事往往是从神话传说开始的。古蜀国的历史，从来都是云遮雾罩，从传说中走出，几弯几绕，最后却又走入了传说之中。大诗人李白在《蜀道难》中感慨："蚕丛及鱼凫，开国何茫然！尔来四万八千岁，不与秦塞通人烟。西当太白有鸟道，可以横绝峨眉巅。地崩山摧壮士死，然后天梯石栈相勾连。"

近年来，考古发掘的一系列重大发现和研究成果，帮助人们逐渐揭开了古蜀国文明的面纱。北达汉水流域，东至荆江地区，西南迄大渡河，金沙江及今贵州北部一带，分布着许多蜀文化的遗址和遗迹，其中分布最密集的地区是成都平原。宝墩遗址（新石器时期）、三星堆遗址（古蜀青铜文明早期）、金沙遗址（古蜀青铜文明晚期）和战国船棺墓葬，构成了完整的古蜀考古文化体系，反映了古蜀文明发展的四个重要阶段。其中，三星堆和金沙是完整的古蜀青铜文明的代表，承上启下，串联起整个古蜀文明的众多遗址。古蜀国先民的渔、猎、耕、种和喜怒哀乐原来都真真切切地发生过，那些似乎荒诞不经的神话

传说,原来是先民借助想象和幻想对世界与对自己最合理的解释。

古蜀国有五代蜀王。第一代蜀王叫蚕丛,他曾经教导当地百姓如何养蚕。在蚕丛的带动下,养蚕业逐渐发达起来。蜀字的本义,就是蚕的意思。蚕丛这一族人,眼睛生得很特别,是向上直竖的。他死后,用石棺埋藏,百姓也都仿效他的做法。后人称这种用石棺埋藏的坟,叫丛目人家。第二代蜀王名叫柏灌,"柏灌"是一种水鸟。第三代蜀王叫鱼凫,"凫"就是鱼鹰。这两代蜀王应该是擅长渔猎,带领人民以渔猎为生,百姓的生活不断得到改善。鱼凫之后,来自于昭阳区的第四代蜀王杜宇闪亮登场了,他"教民务农",将千顷池地区先进的农耕文明带到了蜀地,受到人民的爱戴。后来大洪水暴发,杜宇不善于治水,来自川东荆楚地区的鳖灵却善于治理水患,因而取代了杜宇而成为第五代蜀王。五代蜀王的名字反映了古蜀国社会文明的逐步发展和生产力水平的渐次提升,从树叶、兽皮遮身到丝绸蔽体,从渔猎果腹到农耕文明,古蜀国社会的发展体现了从简单到复杂,从低级到高级的演进。

根据《华阳国志》等史书的记载,古蜀国王杜宇是昭阳区(古朱提)人,他的身世奇特,"从天坠,止朱提"(从高山搬迁到坝子定居),带领他的部族利用昭鲁坝子优越的自然条件栽种水稻等农作物,大力发展农业生产,过着富足安宁的生活。此时的昭鲁坝子,气候温暖湿润,百草丰茂,杂花生树,山上森林茂密,各色动物出没林中,按自然的法则生灭流转。坝子里万涓成水,汇集成一条朱提江,由南向北,穿凿高山而成峡谷,波光浩渺,蜿蜒流向不可知的远方。

水是人类生命之源,人对水的好奇与生俱来。古往今来,人们对水寄予无限美好的向往和遐想,在许多神话中,都把水和神、幸福、美好、不朽连在一起。杜宇带领着部分族人,顺朱提江探路而下,期望着有新的发现。他们越走越远,眼前的世界也越来越大。到了江源,杜宇获得了女酋长"利"的爱情,两大部族实现了大融合,杜宇的力量逐渐壮大,最终取代鱼凫而成为第四代古蜀国王,号望帝。望帝当国王的时候,很关心老百姓的生活,教导老百姓怎样种植庄稼,叮嘱人民要遵循农时、搞好生产。他热爱百姓,因此百姓对他十分拥护。

后来水患突出,老百姓深受其害,治理水灾成为古蜀国的头等大事。这时,忽然从河里逆流漂来一具男尸。人们见了感到十分惊奇。因为河流上的东西总是顺流而下,怎么这具尸体却是逆流而上?好事者便把这个尸体打捞上来。更令人吃惊的是,尸体刚一打捞上来,便复活了,开口讲话,称自己是楚国

曾经的千顷池局部

杜宇塑像

人，名叫鳖灵，因失足落水，从家乡一直漂到这里。这个消息让望帝知道后，望帝便叫人把他叫来见面。两人一见如故，谈得十分投机，大有相见恨晚之感。望帝觉得鳖灵是个难得的人才，便任命他为蜀国的宰相，专门负责治理水灾。

在治水上，鳖灵显示出过人的才干。他带领民众治理洪水，打通了巫山，使水流从蜀国流到长江。这样，使水患得到解除，蜀国人民又可以安居乐业了。鳖灵在治水上立下了汗马功劳，壮大了自己的势力和影响，趁机取得了王位，号称开明帝，又叫丛帝。

望帝死后，灵魂化成杜鹃。他生前爱护人民，死了仍然惦念百姓的生活，每到清明至芒种期间，常常飞到田间地头一声声地鸣叫，催促人们耕种，直到口中流血犹自不停。人们听见这种声音，都说：这是我们的望帝杜宇啊！于是相互提醒：是时候了，快播种吧。或者说：是时候了，快插秧吧。人们因此又把杜鹃叫作知更鸟、催工鸟。文人骚客则另有情怀，李白借杜鹃表达浓烈的思乡之情："蜀国曾闻子规（杜鹃）鸟，宣城还见杜鹃花。一叫一回肠一断，三春三月忆三巴。"李商隐的杜鹃却寄托着刻骨铭心的男女爱情："庄生晓梦迷蝴蝶，望帝春心托杜鹃。"朱熹笔下的杜鹃则饱含着对现实的深深失望："不如归去，孤城越绝三春暮。故山只在白云间，望极云深不知处。不如归去不如归，千仞冈头一振衣。"文天祥寄寓的是赤子的爱国情怀："从今别却江南路，化作啼鹃带血归。"杜鹃的声声鸣叫，俱是思乡去国的哀婉叹息。

什么是神话？马克思说，神话是"通过人民的幻想，用一种不自觉的艺术方式加工过的自然和社会形式本身"。因此，神话可以说是人类早期的不自觉的艺术创

曾经是千顷池的昭通坝子

作。它往往借助想象和幻想把自然力和客观世界拟人化。神话反映的正是变形了的现实世界。杜宇"从天堕，止朱提"，然后入蜀"教民务农"，成为望帝，绝不仅仅是神话和传说。

在距今一万年左右，人类社会进入了新石器时代。20世纪50年代，在旧时的小昭通市（如今的昭阳区）北闸官寨乡过山洞附近的耕地里，出土了一批夹砂红陶残片，从形状上可辨认的有陶鬲、陶鼎、卷口陶罐等。砂粒较粗，火候不高，厚薄不匀，大都为捏制。其中一片壁内有篾纹，当系篾胎烧制，为新石器时代中期遗物。鼎和鬲是中原器形的特点。这批器物显示了中原文化对昭通地区的影响。鲁甸马厂遗址出土的三件泥质黑陶，又呈现出火候甚高，打磨光滑，为云南其他地方所未见。近年来，鲁甸县野石村发现了面积达一平方公里的大型村落遗址。这是古代"千顷池"区域，有"邑聚"的居民点。磨制石器中的石刀、石斧，多为天然石磨制，呈扁平梯形，各

乌蒙山区中的昭阳一角

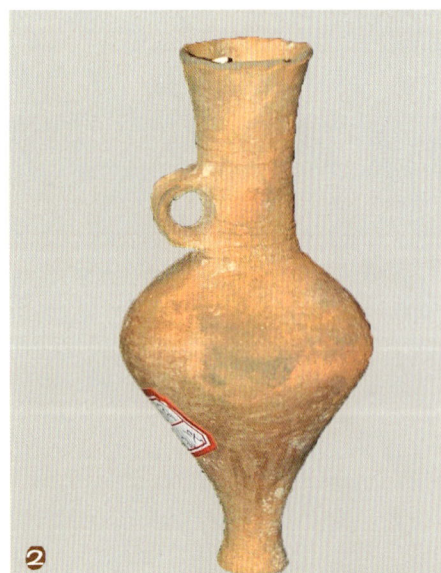

❶ 卷口陶罐
❷ 过山洞新石器单耳陶瓶
❸ 陶鼎

昭阳出土的陶器

县时有发现（当地人呼为雷楔子）。这些古遗址、古器物，大多分布在小河附近的台地，它前临河水，后面靠山。表现了新石器时代昭通的先民已逐步离开洞穴而居住在河边或坡地，从事着采集、渔猎的生活。

西周到春秋战国时代，这块土地上，主要是僰人的聚居地。以四川宜宾为中心，向南延伸，朱提江（今洒渔河、大关河、横江）、僰水江、南广河两岸的峭壁上，至今尚有僰人悬棺。《汉书·地理志》载，犍为郡僰道县，应劭注："故僰侯国也。"《华阳国志·蜀志》说："本有僰人，故《秦纪》言，僰僮之富。汉民多，渐斥徙之。"僰道县即今宜宾市。古僰人区域，以僰道县为中心，散居南境，时代较早。

人们想到披荆斩棘、开荒拓野这些词语，对僰字似乎完全可以想象了。在《说文》里的解释是："僰，犍为蛮夷也，从人棘声。"《地理风俗记》所谓："僰于夷中最仁，有人道，故从人。""最仁""有人道"，应该理解为这种民族文化发展的水平较高。他们最早栖身的地方，荆棘丛生，虎狼出没。僰族的经济，主要从事农耕。因为农耕，他们不得不披荆斩棘、开荒拓野、从事耕作、建造家园，是在荆棘丛中战斗出来

❶ 昭阳出土的带纹理的陶器碎片

❷ 昭阳出土的陶罐陶尊

的人，所以用"棘人"合成僰字。僰人是创造朱提千顷池文化的先民。《太平御览》引《永昌郡传》说："朱提郡，在犍为南千八百里，治朱提县。川中纵广五六十里，有大泉池水，僰名千顷池。又有龙池以灌溉种稻，与僰道接。"这个以千顷池为中心的广大地区，也是"古僰侯国也"。这无疑充分说明昭阳区是人类起源和发展的重要地区之一。

昭通汉砖车马砖

距今一万年左右至距今四千年的约六千年时间里，居住在这里的先民们已广泛使用磨制石器，并懂得了制陶、纺织、农业和放牧等技术，开始了邑居和定居生活。2004年，在位于乌蒙山中段、东南距威宁县城约100公里、西北距昭通城仅20公里的贵州威宁中水镇多处出土了大量稻米，经碳14测定证明，在远古时期的乌蒙山系，已孕育出了高度发达的农耕文明。杜宇能"教民务农"，他应该是僰人的酋长。他在与广大僰人一道开发朱提时，积累了从事农耕的经验。杜宇顺流而下，到了蜀地后，教民务农，得到蜀民的爱戴，以至"巴、蜀民农时先祀杜主"。如果说"教民务农"的杜宇能够称帝，是因为在杜宇称帝前，蜀国的农业还很落后。那时的蜀王为"鱼凫王"，史载："（鱼凫）王猎于湔山，便仙去，今庙祀之于湔。"湔山在今灌县境内。"鱼凫"，是一种善于捕鱼的水鸟，经人驯养后，能为渔人服务，今俗名"水老鸹"。蜀族可能当时驯养此凫捕鱼，故用为图腾，称鱼凫氏。当蜀族鱼凫氏进入湔水之时，成都平原还是一片水域，故能捕鱼。

随着时间的推移，后来发觉在水域周围局部丘陵可以住

人,渔户就会因捕鱼之便,迁来居住。从而开始了试行耕种,逐步拓展,终于开辟了成都平原,以至于建成蜀国。但其农业生产水平还很低下。这时,就有朱提先进农艺的杜宇氏,带着僰人到了成都平原,很快就发展了农业。所谓"教民务农",即教鱼凫氏的蜀民从事农耕,使蜀国的农业有了较大的发展。因此,杜宇得到蜀民的拥戴。正当鱼凫王"猎于湔山,便仙去"的时候,继鱼凫王成为蜀王望帝。这则史料说明蜀王鱼凫氏是渔猎民族,没有朱提千顷池农耕先进,充分证实了蜀地与朱提的经济交往时间很早。

❶ 昭通坝子
❷ 内昆铁路货运过昭通

真相,秘密,随着历史的远去,只能留给后人推断、研究。有学者认为,古蜀国王杜宇与主持六祖分支的彝族人文始祖笃慕,也许就是同一个人。当然,也不得不说,这是一大历史悬案。

兹兹普乌，梦中的天堂

> 兹兹普乌这个地方，七代宝剑在此晃，八代骏马在此骑，九代"德古"（头人）在此讲，祖先根业在此建，子孙发达在此莫……

让我们回去吧，回到梦中的故乡。告诉我是谁在轻声召唤？那声音飘过千年的时光。我仿佛又闻到了松脂的清香，我分明又看见了祖先的骏马和牧场，那些曾经有过的快乐和悲伤，都会成为过去，我们要在那里又一次倾诉和歌唱。带着全部的行囊，回到出发时的地方。告诉我是谁还在那里等待？那执着和向往从未改变。我好像又听到了群山的回声，我也许又梦见了迁徙的部落和牛羊，那些梦想和希望都将变成现实，我们要在那里再一次获取生命的力量！

这是著名彝族诗人吉狄马加写的歌词，他要回到哪里？他要回的地方叫作"兹兹普乌"，是彝族祖先居住的地方，是彝族人民魂牵梦萦的精神家园。

兹兹普乌是个好地方，土地肥沃，水草丰茂，气候温暖宜人，彝族古歌这样吟唱："（兹兹普乌这地方），小马生一岁，肚带断九根；小牛生一岁，犁头断九部；小羊生一岁，羊油有九捧；屋后有山能牧羊，屋前有坝能栽秧，坝上有坪能赛马，又有沼泽地带能放猪，寨内又有青年玩耍处，院内又有妇女闲坐处，门前还有待客

曾经的葡萄井楼亭就是昭阳八景之珠泉涌碧

处……屋后砍柴柴带松脂来，屋前背水水带鱼儿来；耕种放牧时赶群仙绵羊，去到兹兹山上放；赶群仙山羊，去到兹兹岩边放；赶群神仙猪，去到兹兹沼泽放；赶群神仙鸡，走到兹兹院坝放；牵着神仙马，去到兹兹坝上骑；带着神猎犬，去到兹兹林中放；赶着神仙牛，去到兹兹地里犁。兹兹蒲吾这地方，七代宝剑在此晃，八代骏马在此骑，九代'德古'（头人）在此讲，祖先根业在此建，子孙发达在此奠……"

自古以来，昭阳区虽地处乌蒙山深处，实则也有一块宽阔的坝子。良田，土地宽阔。这块土地特殊，多少年来，落后和先进，似乎始终在这块大地上并行。时光的通道和一种文化

六祖广场

六祖广场

元素的形成,在事件的堆积上。这块土地上,曾有过彝族的大事件。据彝文文献记载,彝族历史上曾有三次大的分支,第一、二次分支是发生在"洪荒"前,第三次分支是在"洪荒"后。第一次发生在希慕遮后14世道孟尼时代,道孟尼有9个弟兄,8个兄长分别到各地开拓发展,变为其他支系或彝语支民族;第二次发生在希慕遮后29世武洛撮时代,武洛撮有12个弟兄,11个兄长渡河变成崇拜虎、狮、熊、猴、蛇、蟒、马、树、蜂、鸡等图腾的部族,即凉山彝文文献《勒俄特依》中记载的"武之十二支",只有武洛撮不变。第三次大分支是"洪荒"后笃慕的六个儿子分为六个部,即彝族史书所记载的六祖分支。

这是一个传奇又真实的记载。一直以来,人们所探索和研究的六祖分支之地,在今天昭阳区的葡萄井。由于历史久远,不同的观点也有。其实,彝族在历史上建立过大大小小的民族政权,但除南诏外,尚未建立过全民族的统一政权,加之历代封建王朝对西南少数民族实行大民族主义的压迫政策,彝族的文化发展十分缓慢,过去根本不可能来共同编撰自己本民族的历史文献。

历史上,彝族曾经形成过一种以表意为主的超方言文字,并用这种文字写下了内容相同的经文典籍。典籍内容极为丰富,而且具有重要的研究价值。这些文献说明,

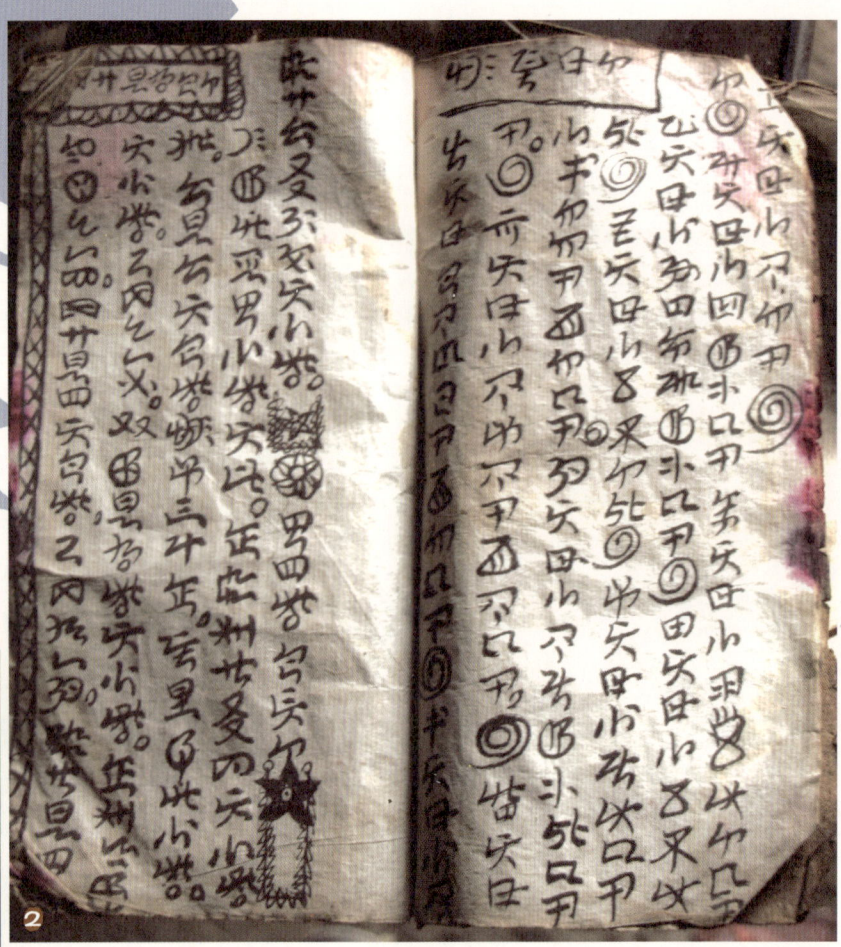

❶ 毕摩

❷ 民间流传的毕摩手抄经书

彝族在上古时期，曾经出现过较为统一的整体，用过共同的文字，有过共同的典章制度和规范了的道德标准。通过学者对星散于各地的彝文文献的清理，无论是四川的《勒俄特依》，还是滇东北与川南一带的《史传》（包括《公史》《母史》《子史》《联编》），贵州的《西南彝志》《洪水泛滥史》以及在北京图书馆善本书库中珍藏的云南禄劝明版彝文史书《六祖之光》，都共同详尽地记叙了有关"六祖分支"的史事。这一系列彝文史书典籍所载的六祖分支的史事，绝不可能是某人一时、一地之杜撰，而是彝族历史上的真实记录。在彝族的口头民间传说、格言、祭经中，也有大量涉及"六祖"的内容。这说明关于"六祖分支"的史事，自古相传。

新建的六祖分支广场

至于彝族六祖分支的时间,《西南彝志选》说:"从希慕遮到笃慕之世,其下限相当于西周末年蜀洪水时期。"《创世志》又说:"彝族书籍记载的'夷族六祖',系指笃慕(汉文书又作仲牟由,西周末年人)的六子。"两处都说笃慕是西周末年人。《指路经》记载,现今居住在四川省凉山一带,操彝语北部方言的彝族大都是"六祖"中的古候、曲涅(即糯、恒)两支,是在"六祖"分支以后才从昭通迁入的。从古候、曲涅至今已有 80 代左右,这说明他们迁入凉山的时间在 2400~2000 年前(约秦汉时期)。学者们对彝族六祖分支的时间的考据,依据不同,算法各异,因此得出的结论也不尽相同。如前述水西安氏族谱的计算,彝族六祖分支的时间为公元前 760 年左右。这是以每代 30 年算,若每代以 25 年算则相差就是几百年。综合各种资料,可以确定的是,彝族六祖分支的时间应该就在西周末年至春秋战国这一范围之内。

时间、地点,后人都只不过是推测和考证。彝族再生始祖笃慕主持六祖分支的"木雅洛宜山"在哪里?彝族六祖分支之地的洛宜山又在哪里?多少年来,经过众多彝学专家的考证,洛宜山应该就是昭通坝子周围的一系列高山。昭通是《指路经》中的彝族先民的魂归之地。

彝族人认为人去世后,魂灵必须回到祖先发祥地,也就是

回到"六祖分支"地去，与祖先团聚，享受子孙祭奠，保佑后世子孙。所以，举行送灵仪式要请德高望重的毕摩念诵《指路经》，将亡灵一站一站指引向祖先居住地。每站的地名是先民们曾经经过和居住过的地方，都要背诵于口上、牢记于心上、刻写于纸上，不是地图，胜似地图。一部《指路经》，记载着一个家支（家族）从古到今迁徙的路线。《指路经》中所记录的地名、山名、河水名，都是这个家支在迁徙过程中走过或居住过的地方。

曾经，《彝文〈指路经〉译集》收集到18部《指路经》。分别来自云南的路南（今石林）、双柏、红河、弥勒、武定、禄劝、罗平、中甸（今香格里拉）、宁蒗，四川的普格、喜德、甘洛、美姑、盐边，贵州的大方、威宁、赫章、盘县。这18部《指路经》所指的路线，不论出发地点、迁徙路线如何不相同，其中除罗平篇的终点待考外，每一部最终都指到（送到）滇东北地区的昭阳区。尤其是这18部《指路经》中，都记载有昭通市昭阳区葡萄井，其

❶ 葡萄井上的楼亭
❷ 葡萄井所在地旧圃牌坊

地名音、意一样，仅有彝语方言的差异和汉字音译上的异写。如云南各部经书中音译为"梅来液尺""麻奴以赤""密力雨嗤"，四川各部经书中音译为"玛洛依曲""玛洛依土""阿勒依曲"，贵州各部经书中音译为"麻哈液持""玛洪依处"。目前翻译出版的《乌蒙彝族指路书》乌蒙卷译为"马拉溢嗤"。其中《译集·禄劝篇》说："麻奴以赤都（葡萄井），布部与默部，尼部与恒部，武部与乍部，都在此相聚。"《乌蒙卷·指路篇》也说："到了这地方（葡萄井），德布卸马鞍，德施把马歇，古侯作小憩。"而且几乎是每一部《指路经》，都记载葡萄井这个地方陈放着新旧攀藤及新钵（坛）和旧钵（坛），凡历代"六祖"子孙到此，都用新藤攀登，用新钵吃饭、喝水。"口渴得喝三坛水，不渴得喝三坛水。"

一山一水，一河一川，漫漫灵魂回归路。一路之上，夹杂着许多真实可考的山名、地名、河流和湖泊名，折射出彝族祖

❶ 彝族文化始祖阿普笃慕塑像
❷ 彝族六祖分支圣地昭通葡萄井

先迁徙、奋斗、开拓的历史。每一部《指路经》都展现一个家支生动的迁徙史，起点不同、来路不同，但从四面八方都汇聚到云南昭通昭阳区一带。把各家支的《指路经》集中起来，就构成了一部古代彝族迁徙发展的路线图：四散播迁，艰难发展，魂归故里，飘飘而来。

这是一条搅乱了时空的生命线，在彝族人的生命世界里深深扎根。

彝族是昭通最古老的世居民族。应该说，昭通这片土地上先后出现的"马湖子"、徭人、滇濮、僰人、叟人、夷人，其实最终都融汇成了1950年民族识别以后的彝族。

是彝族同胞开发了这片土地、建设了这片土地，并在这片土地上创造了辉煌灿烂的文化。虽然不同的历史时期都有其他民族的迁徙融合，但事实上彝族一直都是昭通的主体民族，这种状况一直到清朝雍正时候才有所改变。

清朝初年，滇东北地区分布着三大土司政权，基本控制了这一地区。东川、巧家、会泽一带，属东川土府禄氏政权；昭阳、鲁甸、大关一带，属乌蒙土府禄氏政权；镇雄、威信、彝良一带，属镇雄（芒布）土府政权。雍正二年（1724年）五月，雍正帝下诏西南官员，各地土司不知法纪、鱼肉苛虐土民，令各土司爱恤土民。如果不改，土司参革，从重究理，切勿姑息。这个时期，恰遇控制滇东北地区的乌蒙、芒部两个土府的土司禄鼎乾、陇联

昭阳彝家小寨子

彝家女

嵩去世，两府的土司继承人禄万钟、陇府候还都是孩子，两人的叔父禄鼎坤、陇联星都想谋夺土司职务。两府政权空虚，内部动荡，十分不稳定。

雍正四年（1726年）春，云贵、广西总督鄂尔泰向朝廷上《改土归流疏》，提出"云贵大患，无如苗蛮。安民必先制夷，欲治夷必先改土归流"的主张，并明确指出，要求把隶属于四川的东川、乌蒙、芒部划归云南。之后，相继"改土归

舞台艺术中的彝族分支圣地

流"，四月雍正帝批示，把东川划归云南，并明确指示改流方案。雍正四年（1726年）十二月二十四日，鄂尔泰大军进伐乌蒙，彝兵三千到江边坳口迎敌，大败逃散。官兵直抵鲁甸。威宁游击哈元生、张鹤同知府杨永斌率兵直克乌蒙。雍正五年（1727年）正月初二，刘起元进驻乌蒙城。远近彝人头人，见官兵势大，纷纷投降者三千多户，乌蒙土司政权就此结束。鄂尔泰一方面建立政治军事机构，加强巩固新地域的统治；另一方面纵容属下以征服者的姿态为所欲为，欺凌、敲诈当地夷民。

滇东北地区设立一镇两府一州。府和州是行政机构，有东川府、乌蒙府和镇雄州。镇是军事机构，两府一州的军事都由东蒙镇指挥。刘起元任东蒙镇长官。刘起元贪虐暴残，彝民到了无法生存的程度。《云南事略》这样记述："夷民之马，上者官取之，中者兵需之。不幸而妻女可观，无不奸也。凡有薪炭入市，兵役轮抽，以为'过税'。大关通判刘镇宝丈量土地，苛刻为能。教授李焜管督城工，迂疏繁碎。于是远近夷民皆无生之气，有死之心。"处此绝境之中，彝民酝酿着一场殊死之争的反抗。

雍正八年（1730年）八月十八日，是长官刘起元的寿辰，大摆寿筵三天，安排彝族头人敬献贺礼。远近彝民，秘密联系筹划，准备起事消灭刘起元。彝民将一部分精锐的兵器藏在马草中，装扮成送马草的民夫混入城内。十五日黎明，突然城内大哗，潜入人员拔刀砍杀，城外数千夷民呼哨而至，把乌蒙城围得水泄不通，到处刀光剑影、杀声震天。彝人里应外合，破城而入，杀到刘府衙门口。通判刘镇室被生擒活捉，乞求免一死。彝人慢慢用刑，掌他脸，棍相加，削他的双脚……遍用府内各种刑具刑法。然后说，这些刑都是平时你用来整百姓的，今天也让你自己尝尝。刘起元见大势已去，带领家小，用重金买通个别彝族头目放他逃生。逃到利济河边，众夷民追上，砍下罪魁之头回城。乌蒙生变，各地彝区纷纷举事，鲁甸、大关、镇雄、雷波、巧家、东川等地到处烽火。乌蒙起变，鄂尔泰急速派大军征剿，实施血腥的大屠杀政策。硝烟

散尽,乌蒙几乎成了无人烟的地方。当年参与乌蒙平乱的随军文员鲍尚忠根据亲身经历所写的《平蛮后记》一文这样描述:"叠尸流血,秽气满城。举步髑髅,遍野骨骸。杯水半血,阵风尽腥。未睡辄惊,欲食先呕。"彝族千年文化,几近灭绝。雍正九年(1731年),鄂尔泰题奏,取昭明通达之义,将乌蒙改名为"昭通"。

改土归流后,通过多年的大量移民垦殖,滇东北才又逐步繁荣起来。

2009年,中共昭阳区委、区人民政府结合葡萄井一带厚重的彝族历史文化资源,将葡萄井片区逐步打造成"彝人祭祖圣地"。景区集彝族民俗文化、古城风情、山水风光、农家田园、避暑胜地等于一体,环境优美,旅游功能完善,民族风情浓郁。正在逐步成为滇东北片区知名的、西南片区有影响力的彝族文化主题景区。优质的旅游资源,深厚而独特的历史文化底蕴,形成了与楚雄、凉山等地不同的彝族特色文化,带给游客别具一格、耳目一新的文化新体验。

兹兹普乌,梦中的天堂!

彝家美酒敬宾朋

向南，向南

【　辽远的南方，群山隔绝，江河险阻，原以为都是些不毛之地，不料物资之富庶、出产之丰盛均远胜于秦地。向南，向南，南方的诱惑已不可拒绝。

　　公元前4世纪末，在日渐强盛的秦国朝野进行了一场激烈的辩论：秦国到底应该以何种方式统一天下？诸多不同意见中，大将司马错的主张得到了秦惠文王的首肯。司马错的主张就是目光向南，先攻占巴蜀，利用巴蜀占据长江上游的地利，再顺江而下消灭强敌楚国，最终完成一统天下的宏图伟业。

　　与自然环境相对恶劣的秦国相比，巴蜀沃野千里、物产富饶，殷实的财富让秦国垂涎已久。然而，巴蜀与秦国之间尚没有道路可通，蜀有剑门之险，巴有江河之阻，森林遮天蔽日，悬崖绝壁阻绝飞鸟往还，道路崎岖，运输艰难，征伐谈何容易？

　　秦惠文王采用大将司马错的计策，制造了一个假新闻，说天上落下一头石牛，掉在秦国，这石牛很是神奇，天天夜里都会拉出很多黄金来。消息传到古蜀国，贪婪的12世开明帝十分好奇，派出暗探去调查。自然，暗探也理所当然地落入了秦国的圈套。秦国能拉金子的石牛让开明帝爱得抓耳挠腮、心痒难耐，只愁无计将其据为己有。秦王写信给蜀王，愿与蜀国友邻，馈赠宝物石牛并献美女给蜀王，请开道迎接回去。此信正挠中痒处，蜀王大为高兴，便派

昭待高速公路（大口子）

昭麻高速公路（昭通南立交桥）

民夫力士在大、小剑山，五丁峡一带峭壁处，日夜劈山破石凿险开路，准备入秦迎美女、运石牛。

就在秦国军队准备灭蜀之战时，开明12世的弟弟苴侯图谋政变，他暗中交结巴国，企图夺取王位。事情泄露之后，开明12世和苴侯以及巴国之间发生了一场战争。巴国不敌，向秦国求救。这种事情就像打瞌睡时有人主动送上枕头，秦国君臣大喜过望。

公元前316年，秦国大军在大将司马错和张仪的率领下，沿着崇山峻岭中一条名叫石牛道的崎岖小路逶迤南来。开明12世带领军队仓皇迎战，在葭萌关一战，蜀国大败，开明12世率残部南逃到彭山，最终为乱军所杀。古蜀国精彩而神秘的历史剧到此画上了一个苍凉的句号。古蜀国开凿的这条路被后人命名为石牛道（又叫金牛道）。

据有巴蜀之后，天府之国的丰饶让新的统治者惊喜过望。辽远的南方，群山隔绝，江河险阻，原以为都是些不毛之地，不料物资之富庶、出产之丰盛均远胜于秦地。向南，向南，南方的诱

惑已不可拒绝。

秦对西南地区的开发，首先从修筑道路入手。在稳定了对巴、蜀的统治后，顺青衣江南下，将石牛道延伸到了僰道县（今宜宾），史称青衣道。公元前 250 年秦孝文王以李冰为蜀守。李冰担任蜀守期间，即开始由僰道县顺江开山凿岩，修筑通往滇东北地区的道路。这一带山岩险峻，不可以凿，李冰采取了积薪烧岩的办法。岩石经过火烧，质地变松，容易开凿。这种烧过的痕迹，直到晋代还很明显。据《华阳国志》记载，烧过的山岩有红白五色影子映入水中，使江中上游的鱼"至此而止"，不敢再前进。这是修筑"五尺道"的开始。公元前 221 年，秦始皇统一全国后，为了进一步略通云南，他派遣常頞继续修筑这条道路。常頞把李冰原来从僰道县修筑的道路向前延伸，经朱提至建宁（今曲靖），全长两千余里，由于道路宽仅五尺，故史称"五尺道"。这条道路尽管较狭窄，但它对开发云南、巩固秦的统一都是有利的，朱提成了秦郡县联系西南夷地区的枢纽。略通"五尺道"，秦派遣官吏对西南夷的一些部落进行直接的统治，即《史记·西南夷列传》所谓"诸此国颇置吏焉"。文献记载中没有留下这些置吏郡县的名称，但我们可以根据地理环境设想。从僰道县起，沿"五尺道"南伸，朱提是这条道路上僰人重要的聚居区，且广阔的坝子是农耕的好地方，经济较其他部落发达。如果当时秦在西南夷地区置吏，舍此其谁。因此，朱提是秦王朝在开发南中"置吏"的第一个经营点。"五尺道"的开辟，进一步加强了内地与云南的经济文化交流。四川的铁农具输送到了朱提。1941年在昭通县东石门坎（属贵州威宁界）发现"蜀郡千万"铁锄。1954年在鲁甸汉墓封土中发现"蜀郡成都"铁锄，两器大小形制相似。"蜀郡"为秦置四十郡之一，以地名及书体推考，实属秦器。这两件铁器就是从"五尺道"输入的。这些铁农具的输入，促进了当时昭通地区农业生产的发展。

秦亡以后，"五尺道"废。西汉时西南夷地区的经营，曾一度中断。这是因为秦朝末年大规模的战乱，使中原社会经济遭到极大的破坏。西汉王朝初建立，为巩固其新政权，有意采取了使人民休养生息的措施。史记说："汉兴，闭蜀故徼。"关闭了四川和边远地区的经济往来。直到高后六年（公元前182年），才在僰道县建城，设置关市，为进一步开发西南夷做准备。西汉经过"文景之治"，经济迅速发展，政治空前强大。武帝刘彻统治时期，汉王朝的中央集权高度加强，经济力量足以驾驭各地。当时的西南夷地区，特别是僰道县以南地区（即今昭通市），各族人民并不因"闭蜀故徼"而中断彼此间的经济往来。而四川商人"或窃出商贾，取其筰马，僰僮，髦牛，以此巴蜀殷富"。四川出产的盐、铁器、布匹被源源不断地输入西南夷地区。巴蜀经济文化影响着西南各族社会的发展，而西南夷又丰富着巴蜀的经济文化。所以，在西南夷地区复置郡县，"开蜀故徼"，已成为西汉王朝政治经济发展的必然趋势。

建元六年（公元前135年），汉武帝为了联合夜郎国两

城市交通重要节点有效拓展，打开了出城的交通瓶颈

① 出川入滇大道上的昭通南
② 213 国道

面夹击南越,派唐蒙为中郎将,率领士卒千人,后勤部队万余人,从巴符关(今四川合江)进入夜郎,赠给夜郎王大批财物,又宣扬汉王朝的威德,商定置吏,并许给夜郎王子为令。夜郎旁的其他部落,贪图汉王朝的"缯帛",也同意唐蒙置吏的主张。当唐蒙回到京城长安后,汉即在这一地区设置了犍为郡。接着又征发了巴蜀士卒,修筑从僰道县至牂牁江的道路。史书上称这条道路为"南夷道"。

南夷道沿途山高林密、崖陡谷深,虽有五尺道做基础,但

昭麻高速公路（昭通南立交桥）

仍须按照汉朝国道的要求将道路拓宽、加固。南夷道究竟有多宽？郦道元在《水经注·江水》中说："唐蒙乃凿石开阁，以通南中，迄于建宁，二千余里。山道广丈余，深三四丈，其錾凿之迹犹存。"比之秦时修筑的五尺道，南夷道宽了一倍多，且更平坦。为了缩短路程，一些路段完全是新勘测的，开凿的难度更大。僰道县至朱提县一段最为险峻。山高林深，有时在森林茂密的山地，砍伐原始森林，铺木垫石为路。有时在悬崖绝壁上凿孔安梁，铺上木板，成为半壁架空的栈道。至今在豆沙关附近的岩壁上，尚有安梁石孔的遗迹。在这些道路上行走，沿途高山嵯峨、岩石累累，脚下万丈深渊。山风吹过，使人影颤魂飘。在栈道上行走，更是把生死置之度外，何况还要背负货物。清初有人曾题写"其险也如此"五字在豆沙关岩壁上。走路是这样的感觉，修路的艰难更是难以想象。两千多年前的劳动人民，除了用简单的锤、钻、锄、耙，靠的就是双手。面对万丈悬岩、顽山巨石，以他们的大勇，开辟了通向南中的道路。筑路英雄们默默无闻，开通南中，成就了祖国统一的丰功伟绩。

秦、汉开道，确定了朱提的重要位置，在开道中，"五尺道"和"南夷道"，这是古代蜀—身毒（印度）道的一部分。它的路线是蜀（成都）—僰道（宜宾）—石门（豆沙关）—朱提（昭通）—汉阳（威宁）—郁邬（宣威）—建宁（曲靖）—滇池（昆明）—叶榆（大理）—永昌（保山）—滇越（腾冲）—掸国（缅甸）—身毒（印度）。这条道路，蜀经过朱提到滇池的一段称朱提道。从滇池经过叶榆、永昌到身毒的一段称永昌道。今天称为"南方陆上丝绸之路"。秦、汉之际，滇中与四川的交通，主要是通过滇东北，僰道县是秦汉开发南中的经营点。秦汉修"五尺道"和"南夷道"，都以僰道县为起点，向南延伸，经滇东北直达滇中地区。而朱提是这条交通线上的枢纽，南来北往的商队都要经过这里。

昭通古城黑神庙内的戏台

在一个地理板块上，可以分为中心和边缘。如果以一个地名、一块土地来作为一个中心，可以说，在中国古代很长的一个时期，如今的昭阳区作为"朱提"行政中心的地位始终如一。因为整个昭通基本都属于"朱提"辖区范围。自西汉建元六年（公元前135年）至唐武德八年（625年），"朱提"经历了760多年的兴亡盛衰。

几百年，放在纸页上，不过就是一个数字。在人类的时光中，却是几朝几代的交替。"朱提"这两个字的读音，在古代读为"殊时"。以朱提为县名，这是汉武帝时的事。据史载："武帝建元六年（公元前135年），置犍为郡，领县十二。"其中有朱提的县名。这因当地有朱提山、朱提江而得名。古朱提的范围，大致包括今宜宾地区长江以南、昭通地区及贵州威宁县的地域。这里有巍峨的高山，有深陷的峡谷，有起伏的丘陵，有肥沃的坝子。加之海拔高低悬殊，气候的垂直变化显著，因而动植物的种类繁多，几乎包括了

❶ 昭通古城地图

❷ 唐袁兹摩崖，见证着中原文化北来南往

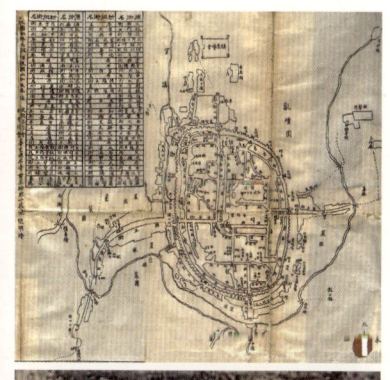

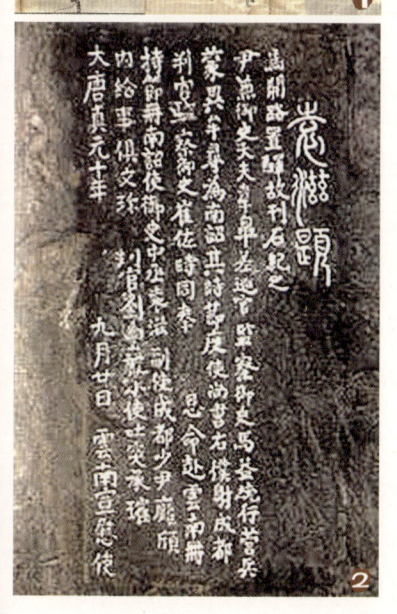

从亚热带、温带到寒带的生物群落。这种丰富多彩的自然环境，为古代生产力低下、经济类型单一的民族，创造了劳动、生息的有利条件。

朱提，便是这条交通线上的枢纽，南来北往的商队都要经过这里。通过这条古道，将朱提银铜、铜器运到中原，中原的经济文化也被传入朱提，再延伸到滇中，传输到国外。朱提成为商业要冲，人口兴旺，社会繁荣。据《晋书·地理志》记载，南中七郡的户数，除越巂郡有53400户算最多的外，就要数朱提了，有52400户。传说中这时的昭阳已建成颇具规模的朱提古城。据专家考证，朱提古城在今太平办事处诸葛营村。特别在东汉、三国、西晋的两百多年中，朱提由于社会安定，农业、矿冶业、手工业发展，交通运输业兴旺，使这里的经济文化空前繁荣，在地方史上写下了光辉灿烂的篇章。

古道是商贸流通的大动脉，通过"古道"，秦汉时巴蜀的铁、布，朱提的银，邛都的铜，被贩到南中，而南中的笮马、僮则贩到内地；唐代南诏时，从印、缅输入中国的商品主要有毡、缯布、珍珠、海贝、琥珀等，而从中国输出的有丝绸、缎匹、金银等；元代开滇以来数百年间，缅北的珠宝、玉器、玛瑙、琥珀成为内地商人争购的商品，因此古道上流通的主要商品便是玉石；明代中国通过古道输往缅甸的最主要的货物为食盐，缅甸输入中国的最大宗商品是棉花；19世纪中叶，中国最需要的缅货仍是棉花，缅甸最迫切购买的是中国的生丝。通过古道输出的商品有生丝、黄铜、雄黄、鞋子、药材等等，输入的商品则是棉花、象牙、燕窝、鹿茸、翠玉、琥珀、宝石、名贵蛇纹石等。

古道是一幅民族历史的长卷，它蕴藏着无穷无尽的民族文化财富和绚丽多彩的民俗风情。

古道是一条文化传播的纽带，作为古道要冲的昭阳区，中原文化、荆楚文化、巴蜀文化、夜郎文化、古滇文化等诸多文

中原的大唐部队，从这里继续开拔南滇

化在这里交汇融合，形成独具特色、独领风骚的代表"云南多元文化的缩影"的朱提文化。作为古道重镇的昭阳古城，依存于古道，服务于古道，为千年古道奉献出了一腔热忱。

以地理位置来看，昭阳区地处滇、川、黔、渝"三省一市"中心接合部和国家"攀西—六盘水"经济开发区核心地带，北连长江经济带与成渝经济圈，南接东南亚缅甸、越南、老挝，这就是昭阳区素有"锁钥南滇、咽喉西蜀"之称的原因。

用小学的数学方式来认识距离，作为背靠云南、面向四川、前出中原的昭阳区，与重庆、成都、贵阳和昆明等城市直线距离皆为500公里左右，与攀枝花、西昌、乐山、宜宾、六盘水、安顺、毕节和曲靖等西南重要城市直线距离都在400公里以内。在整个大西南，它都是腹心地带。这块土地有雄浑起伏的大山，险峻深邃的峡谷里奔腾着湍急的金沙江，茫茫大地下蕴藏着丰富的褐煤，世世代代在这里生活的人们播种过无数的希望。由于大自然把重重关山和汹涌江河横亘在希望与现实之间，于是，这片高原上才有了秦开的五尺道、汉凿的南夷道……也才有了马帮、栈道和青石板上的马蹄窝。多年来，这条古丝绸之路曾带来过大西南与东南亚、南亚的商贸繁荣，也曾把滇、黔和巴蜀文化的辉煌输入中原。然而，马帮悠悠的铃声却无法给生活在这片土地上的人们带来同时代的文明。由此产生的生产方式和观念，使这里的生产力只能在漫

历史记忆中的五尺道，就是南方古丝绸路上的"高速路"

长的历史中发生微弱的量变。

近现代以来，因为路的闭塞，阻挡和阻断了昭阳区对外更多的联系。因为路难行，产品出不去，信息进不来，村民们只能靠人背马驮，过着几乎与世隔绝的生活。很多年，茫茫苍苍的乌蒙山，滔滔不绝的金沙江，导致了这块土地的落后。直到20世纪90年代，一条内昆铁路的修建，才使这里发生了变革。

内昆铁路是20世纪末中国西南地区开工建设的又一条重大铁路干线，也是一条主要穿行于老、少、边、穷地区的扶贫线。内昆铁路从四川盆地攀至云贵高原，山高谷深，地质复杂，气候多变，工程浩大，任务艰巨，仅新建隧道就达148.86公里，桥梁41.8公里，桥隧总长占线路总长的53.9%。新建线路一次实现电气化，设计最大区段货流量密度为每年1400万吨，客车每日8对，总投资为120亿元，1998年6月开始兴建，2001年9月全线铺通。

这条路线，自古以来就是中原进入云南和南亚、东南亚的"南方丝绸之路"。在金沙江支流横江峡谷，秦汉时代留下的"五尺道"，还与建设中的内昆铁路隔江相望。正因为这条联系四川盆地和云贵高原的南北要

道崎岖难行，20世纪初，云南就组建了官商合办的"滇蜀铁路公司"准备开发这条铁路。在1905年就策划并成立了滇蜀铁路公司，1909年开始勘测，1919年测量完毕，民国初年和抗战时期也进行过勘查。中华人民共和国成立后，1952年由铁道部西南设计分局再行设计，1956年开工建设。北段内江至安边140公里于1960年通车；南段梅花山至昆明370公里于1965年建成，成为贵昆线西段；中段于1962年因故停工。内昆铁路南北两段均已建成，剩下途经昭阳区的最艰险的300多公里中段尚待复工。内昆铁路的这段空白，大部分位于云南东北的昭通市和贵州威宁县。这一带山高谷深，民间自古就有"摔死山羊弯死蛇"的传说。那时的昭阳区，唯一像样的公路就只有213国道。这条国道与铁路平行的部分，正是20世纪50年代修建内昆铁路时留下的施工便道。这段公路，夏天塌方不断，冬天路面结冰，旅客被堵在路上十天半月是常有的事。因为道路险峻，山地灾害频繁，车祸频繁发生。从岔河至昭阳，120公里长的公路只能"双日上行，单日下地"，堪称中国最长的单行道。

20世纪90年代末，内昆线新建铁路全线开工。一条断断续续修建了近百年的铁路，开始了跨世纪的建设大会战。这条铁路北起四川内江，南到云南昆明，北接成渝铁路，连通襄渝、成昆、宝成

南北大通道进入昭通坝子

等铁路，南接贵昆、水柏铁路，连通湘黔、南昆铁路，是沟通云、贵、川、渝三省一市的又一条主要干线，成为西南地区南下出海的便捷通道。内昆线的开通，解开了昭阳的心结，对推动昭阳区经济社会的发展，增进民族团结具有无法估量的意义。

"百年内昆，梦圆盛世。"内昆铁路对于昭阳区来说，是一个做了近百年的梦，终于梦想成真！在未来的日子里，昭阳区的无数物资将通过内昆线运进、运出，并为昭阳区运来一个繁荣蓬勃的未来！

古语说，路，道也；路，途也。其实，无论朝东、朝南、朝西、朝北，每一次方向的选择，就是一次成功与失败的较

量。路是脚踏出来的，一个个、一串串、一排排，连成了线，结成了网，走向大地的心脏。千百年来，路成了乌蒙大地的经脉，一条条所谓的路，像一张巨大的网，虽然连通了群山深处的每一个地方，包括村庄、河流、大山和城镇。但是，千百年来，要建成四通八达的坦途，始终是这块土地上人们难以磨灭的梦想。

磅礴雄浑的乌蒙山，让人爱也让人恨。层峦叠翠的美景是人们

大昭一级公路（苏家院顺山大桥）

爱的理由，恨，就因为这难于上青天的路途啊。但是，长期以来，路虽难，生活在滇东北这块土地上的人们，却从未放弃对外界的探索。自秦开五尺道，两千余年来，纵横南北，从未断绝。古道悠悠，诉说着乌蒙山区漫长的文明史，也见证着这块土地艰难的发展历程。时光从远古走来，走在现代这个快捷的

　　时代，路不能再落后了。一条213国道，像长龙一样在乌蒙群山中穿越，成了乌蒙山人联系外界最重要的通道。它起自甘肃兰州，经四川入云南止于西双版纳的景洪。一路上，它串起了一个又一个的地方，就在滇东北片区，自昆明的嵩明开始，它连起了杨林、寻甸、会泽、鲁甸、昭通（即昭阳）、大关、盐津、水富这一个又一个的城市。然后，走出云南，进入四川。

　　这条路规划于民国十八年（1929年）2月，源于龙云屡次从昆明回昭通，途经贵州绕道而行，并没在贵州境内得到相应的礼遇。于是便派飞机在空中勘探，并进行规划，于1943年形成雏形。这条路虽然最后通向了外面，但建设过程中，经历了太多的曲折，耗费了大量的人力、物力和财力。特别是在群山崔嵬的乌蒙山区，很多路段必须从悬崖绝壁上穿凿而过。在修筑这条公路的过程中，沿途民工死伤无数，他们献出了宝贵的青春和生命，令后人为之叹惋。这条路最终贯通的时候，也只是一条等级较低的公路，其道路曲折，坡陡，路上行驶的车辆，也只是勉强能够通行。如遇上冬

从昭通到昆明过去和现在的路

季,冰雪覆盖,或者在夏季里,有雨水的冲刷,就会因为冰凌、塌方而堵车,道路也就随之被堵断。如果冰凌或塌方不是很严重,有时,个把星期或者两三天就可以通行。然而,严重的时候,一断就是十天半月才能抢通。也就是说,在一年之中,差不多有几个月的时间,因为道路的阻断,这个地方依然处于封闭状态。直到1952年,为了进一步改善路面状况,政府又发动沿线民工修复嵩明到昭通的公路,才基本实现冬夏季节或者晴雨天勉强能通车。

但是,这也是一条生死之路啊!路是可以随时通了,但很多路段只容得下一辆车子通行,如果遇到对头车,往往要在山道上折腾很长时间,还要冒很大的生命危险。每一次会车,就是一次对生命的挑战。如果碰到大的爬坡路段,那坡陡得吓人,长得似乎没有尽头,如果没有经验的驾驶员,往往会长时间使用刹车而导致制动失灵,酿成车祸。经过这条路,经常会看见路边堆放着破旧的车辆,弯弯扭扭,锈迹斑斑,让

快捷通道

人触目惊心。偶尔也会看到一两起车祸,少则数人,多则数十人,当场丧命。

这样的路,围困这块土地的时间是这样的漫长。一代又一代的乌蒙山人,心中一直延续着一个梦想,什么时候能够有一条康庄大道贯通南北,让这里的经济不再贫困,让思想跟上时代的步伐?"交通兴则百业兴。"交通是经济社会发展的"血管",而南北大通道对于云南的意义,就如同主动脉一般。2012年以前,全长1100多公里的大通道已经有800多公里实现了高速化,但还有麻柳湾至昭通、昭通至会泽、待补至功山段为二级路。直到2012年8月3日,一个振奋人心的消息传遍山山水水,穿过昭通的云南省南北大通道麻柳湾至昭通段高速路正式开工建设。那一天的开工现场,旌旗摇曳,锣鼓喧天。

为什么这段路的建设和贯通如此振奋人心?是因为麻昭高速公路的沿线险和难!其沟壑纵横、峰峦叠嶂,悬崖峭壁连绵不绝,海拔高低悬殊大,沿线地质构造复杂,堪称"不良地质博物馆"。这一系列难点使麻昭高速公路成为目前云南省工程量最大、地质条件最复杂、桥隧比最高、气候最恶劣的高速公路。全长虽然仅有105.76公里,概算却需总投资145.3亿元。在这一段路上,自然条件也非常差,主要是气候相当恶劣,海拔位于610米至3198米之间,生态环境脆弱。夏季,河谷地带炎热,极端高温达40.7摄氏度,加之雨季又容易形成强度较大的暴雨和泥石流灾害;秋、冬季,高台地段又是极端的低温,在零下十摄氏度以上,浓雾、雪天、冻雨、冰凌等不良天气经常发生。有时特殊的路段,冰冻期长达3个月,连续冰冻长达40余天,建设条件极其艰苦。麻昭高速公路地处高原山区,施工难度大,桥隧比为50.79%,其中大关县境内45公里范围内,桥隧比高达85.47%,是本项目建设的重点、难点路段。公路沿线地形地质构造复杂,地质灾害多,山高谷深,沟壑纵横,沿线各种不良地质分布广泛,需穿越7条地震断裂带,岩溶等潜在不良地质分布广,存在施工不可预见性大、潜在的地质

昭麻高速公路（北闸）

灾害数量多、规模大、类型多、引发因素复杂、治理难度大、安全生产风险较大等诸多不利因素。走廊带狭窄，海拔高差大，长大纵坡多。因为路线处于山岭重丘区，沿线地形陡峭，海拔高差大，展线困难，因此选线复杂，70公里路程需抬升1500米高差，纵坡控制难度大。

这些困难压得建设队伍喘不过气来。但是他们并没有被困难吓倒，而是众志成城，凭借他们坚韧不拔的毅力、艰苦奋斗的精神，因地制宜，让工程建设得以顺利推进。通过建设者们攻坚克难和日夜奋战，麻昭高速终于在2015年12月26日全线通车。这条高速路的通车，使得贯穿云南的南北大通道——文山富宁至昭通水富实现了全程高速，彻底解决了出滇、进川的交通瓶颈问题。就是从云南省城昆明开车至成都、重庆也变得非常便利了。麻昭高速公路打开了一扇脱贫致富的大门，将大力促进乌蒙山片区扶贫攻坚的步伐。项目建设起点位于大关县麻柳湾，与水麻高速公路相连；终点位于鲁甸县大水塘村，与在建昭会高速公路相连。麻昭高速公路与已建成的水麻高速公路相连，从昆明到成渝经济区的500多公里实现全程高速，彻底告别了麻柳湾至大关县、昭阳区、鲁甸县境内二级路交通拥堵、结冰及交通事故频发等状况。城市至城市之间，无论是昆明到成都，还是到重庆，其全程的高速实现了朝发夕至。同时也意味着全长1100公里的云南南北高速公路大通道全线贯通，仅是沿线的大关县、昭阳区、鲁甸县3个县（区）13个乡镇，出行便利所惠及的人就达30多万人。

在滇东北的另一段路，云南省"南北大通道"的"瓶颈"路段昭通至待补高速公路，于2012年11月23日开工建设。昭通至待补高速公路，是我省规划的"三纵三横，以昆明为中心对外九大通道"公路网的重要组成部分，是我国西北地区通往西南地区的主要交通运输通道。这一段路程全长148公里，其路线起于昭通，经江底、迤车、会泽，止于待补。这条高速公路的建设，成为云南省和西部地区的运输大动脉，对加强沿线地区的内外部联系，完善西南路网结构，提高运输能力，扩大改革开放，加强民族团结，加快推进全省小康社会建设的进程，促进云南乃至西部地区的经济发展都具有十分重要的意义。它是云南出滇入川、行进中原的必经之路。

在几年的建设中，建设者同样克服了重重困难，比如为了保证桥面温度，防止桥面开裂，工作人员为大桥盖上了棉被保温，以此来克服恶劣天气造成的影响保障工程进度。他们在面临的各种困难面前，一点一点地解决，历经近3年的时间，公路于2015年9月26日正式通车。从此，陈旧的二级路焕然一新，高耸入云的新旧大桥穿梭于高山峡谷间，新路老路交叉前行，形成井字形的景观。作为云南省第一条在高原山区改扩建的高速公路，昭会高速采用"编辫子"的方式，让上行线与下行线两条公路在纵向和平面上交叉，避开了一些长下坡道路，让道路行驶条件得到优化。道路开通以来，昆明至昭通实现了全程高速，行车里程缩短为330公里，行车时间从原来的四五个小时缩短为三个半小时。

南北联通，巨龙腾跃。随着麻昭、昭待高速公路正式通车，高速公路纵贯昭通市南北全境，昭通北上川渝、南下昆明都畅通无阻。南北大通道的开通，彻底改变了乌蒙山地区闭塞的状况，昔日的资源优势正在逐步转变为经济优势。

如今，这条北接成渝经济圈、长江经济带，南通珠三角经济区、北部湾经济区的大通道全线贯通，将带动包括昭阳区在内的沿线地区经济社会跨越发展，实现云南"饮马长江、挥师两洋、通江达海、八面来风"的梦想。

当然，无论先天条件如何优越或者恶劣，只有干出来的精彩，没有等出来的辉煌。好在这块土地上的人们，长期以来，他们用勤劳、智慧和朴实创造着生活，创造着这个时代。

昭通陡街清幽的石板路，映照着中原文化在这里驻足后一路向南

所有的路，连接遥远的历史，也伸向遥远的未来。在昭通这块伟大土地上的昭阳区，历史上，因为有一条路，从远古走到现在；有一根线，拴着过去和未来，这就是五尺道。当铁蹄的星火陨落，马帮的铃响摇入幕后，沧桑古道上，洒满灿烂的落霞。随着时代的变迁，也因为路的封闭，昭阳曾经从云南的三大文化的发祥地之一、从素有"小昆明"的美誉，成了落后贫穷的地方。而现在，有了公路、铁路、水路、航空四位一体的综合交通运输网络，昭阳区这块曾经被封闭的土地，再一次打开了。它将再次成为云南南北大通道上的交通枢纽，成为云南融入长江经济带和成渝经济区的重要门户，成为中国面向南亚、东南亚开放的重要经济走廊。昭阳区，这块古老而又神秘的土地，将奏响一曲曲路通人和的雄浑乐章，承载千年的历史文化。在这块土地上生活的人们，可以再无遮挡地越过起伏的群山，展望遥远的山外。

银铜的山峰

> 朱提银铜又一度的繁荣,刺激了昭通工商业的发展,昭通市场一时极度兴盛。昭通府城(昭阳区)变为万商云集之地,昭通民谚所谓"搬不完的昭通,填不满的叙府",就是乾嘉时期昭通工商业发达的反映。

在中国古代很长的一段时期,整个昭通基本都属于"朱提"辖区范围,现今昭阳区作为"朱提"行政中心的地位始终如一。自西汉建元六年(公元前135年)至唐武德八年(625年),"朱提"经历了760年的兴亡盛衰。

"朱提"这两个字的读音,在古代读为"殊时"。以朱提为县名,这是汉武帝时的事。史载:"武帝建元六年(公元前135年),置犍为郡,领县十二。"其中有朱提的县名,是因当地有朱提山、朱提江而得名。古朱提的范围,大致包括今宜宾地区长江以南、昭通地区及贵州威宁县的地域。这里有巍峨的高山,有深陷的峡谷,有起伏的丘陵,有肥沃的坝子。加之海拔高低悬殊,气候的垂直变化显著,因而动植物的种类繁多,几乎包括了从亚热带、温带到寒带的生物群落。这种丰富多彩的自然环境,就为古代生产力低下、经济类型单一的民族,创造了劳动生息的有利条件。

犍为南部都尉治理朱提地区计216年。到了东汉永初元年(107年),省犍为南部,改称犍为属国,领朱提、汉阳二县。汉代的属国,是"分县治民比郡","似郡差小"。《续汉书·职官志》

20世纪70年代的昭通25孔桥的集体农业生产

说"每属国置都尉一人,主蛮夷降者"。也就是说,属国的统治对象,主要是被征服或强迫迁徙的少数民族。根据《后汉书·郡国志》记载,这时的犍为属国有7398户37187丁口。它与犍为南部时比较,南广划归犍为郡,朱提包括堂狼,汉阳包括郁邬。东汉是犍为属国社会经济空前发达的时期,由于汉族移民的大量涌入,带来了先进的生产技术,水稻种植和矿冶技术都很发达。

自古以来,农业是根基。整个古代社会,具有决定性的生产部门,也是农业。在古代唯有农业发展以后,人们才可能有定居的环境,才可能为畜牧业、手工业的兴旺和社会经济向前发展创造出有利的条件。西汉末年,梓潼文齐在朱提任都尉时,进一步发展了朱提的农业。《华阳国志》说:"先有梓潼文齐,穿龙池,溉稻田,为民兴利。"他率领朱提僰、汉

人民兴修水利，凿穿龙池，灌溉种稻，为民兴利，所以人民爱戴他，为他"立祠"祭祀。文齐穿凿龙池，其影响是深远的，龙池成了朱提灌溉种稻的重要水利资源。在两百年后，魏晋人写的《永昌郡传》中也提到它。原书说："朱提县，川中纵广五六十里，有大泉池水，僰名千顷池。又有龙池以灌溉种稻。"其时彝族仍居住在朱提县的坝子里（即川中），和移居到朱提屯田的汉族人民，利用"千顷池""龙池"的水灌溉种稻。所谓龙池，就是今天昭阳区的大龙洞。而千顷池，早已不存在了，它就是现在昭阳西南肥沃的田野，昭鲁坝子的一部分。至于凿龙池，开发朱提农业经济的文齐，据《后汉书》记载，他调任益州郡太守，他把在朱提兴修水利、发展农业的经验，带到了益州郡，在滇池地区"造起陂池，开通灌溉，垦田二千余顷"，发展了滇池的农业。同时还整顿军事、政治，重

彩霞之下烟草农业，成为一段时期的经济支柱

修关隘险要，即"率励兵马，修障塞"。其次就是团结各族人民，即"降集群夷"，使滇池地区出现了"甚得其和"的安定局面。

这块土地，埋藏了多少宝藏。除了肥沃的土地，还有矿冶业，最著名的是银、铜的开采。《后汉书·地理志》载："犍为属国，朱提山出银铜。"《华阳国志》载："堂狼县出银、铅、白铜。"也因为朱提、堂狼出银、铜，吸引了内地更多的汉族人民来开采冶炼，使朱提的经济文化空前发展，也使朱提银在汉代闻名全国。《汉书·食货志》说："朱提银八两为一流，流值一千五百八十，他银一流值一千。"说明朱提银的成色，在全国为上品。在货币银本位的中国古代，银子是财富的象征，而出产自朱提的银比价较其他地方所产银，高出百分之五十以上，比今天黄金和铂金的差价还要大。

"朱提银"在全国的深远影响成为一种文化现象。产于朱提山的"朱提银"，唐朝以来便成为白银的代名词，唐宋八大家之一的韩愈在《赠崔官立之》诗中有"我有双饮盏，其银出朱提"的句子，他因为拥有朱提银制的双饮盏酒具而洋洋自得的心情发自内心，生动如画。他还在文字中告诉好友：这样美好的酒具，也只有你这样最好的朋友来了，我才用它来款待你。明清两代提到"朱提银"的笔记小说更是比比皆是。冯梦龙的《警世通言》中有一篇故事《桂员外途穷忏悔》，写的是一个如何对待钱财的善恶因果故事，其中有一首诗写道："谊高矜厄且怜贫，三百朱提贱似尘。试问当今有力者，同窗谁念幼时人？"朱提银因为优良的品质，在漫长的银本位的古代社会是社会财富的象征，也是人们的金钱财富观念和行为的承载者。在财富面前，人们都会有种种舍得、贪婪和无奈的不同表现，人们如何对待它，是"人心不足蛇吞象"，还是把它看成身外之物，恰当地使用和仁义地施舍，也是衡量一个人真善美丑、诚信虚伪的一把尺子。从"朱提"的流转中，也能体会到人情冷暖、世态炎凉。在蒲松龄的《聊斋志异》中，有《宫梦弼》，也是一个关于钱财的故事，结果是"女一日入闲舍中，见断草丛丛无隙地，渐入内室，尘埃积中，暗陬有物堆积，蹴之迉足，拾视皆朱提"。用一个瓦砾化朱提的故事，对当时的人对待金钱的不同态度与行为进行了赞扬和批判。

朱提银的传世品，全国仅昭阳发现一锭。1936年在昭通县洒渔河皮匠地出土，上有刻画文字。因出土时盛于底铸双鱼图案的铜釜内，上盖以"建初八年朱提造作"双鱼铜洗。当时为昭通考古大家张希鲁购得，后经清华大学金属研究所鉴定，含银百分之四十二，其余为锡等。张希鲁定名为"朱提银锡白金"。因与朱提汉洗同时出土，一般又称"朱提银"。银块上刻篆文一行，其细如发。诸家考校，释为"建盂重五十斤"。朱提银被确认后，当时的中央银行总裁卫聚贤闻讯，向张希鲁先生转达了高价征集的意愿。张希鲁先生以"地方文献，不忍以市贾论之"断然拒绝。张希鲁先生在个人生活艰难赤贫的状态下，坚持收集昭通文物，后来几经周折，晚年将生前几十年来费尽心血收集的137件古代金石文物、225幅名人字画、163册名贵碑帖以及许多文物拓片，全部捐献给国家，为昭通地方文化发扬光大做出了难以磨灭的贡献。

历朝历代，开矿可以致富。朱提、堂狼丰富的自然资源，吸引着大量的中原人民。从传世的朱提、堂狼铜器，可看出东汉朱提矿冶业的发展。汉代铜洗（这是泛称，它包括了铜锅和铜盘），见于全国金石著录者已数百器，而有地名吉语款识者，尤以朱提、堂狼所造为最多。这些铜洗，属国家二级保护文物。其他汉代铜器，无图案文字者，历年在昭阳、鲁甸出土者甚多。有铜釜甑、铜豆、铜卣、提梁壶、铜鼓、铜鸡尊、铜摇钱树、铜镜、鎏金铜带钩等。有文字者如五铢钱、货布、货泉、大泉五十等。这些汉代铜器记录了朱提、堂狼冶铜业的盛况，表现了汉代朱提地区经济发展的水平。

当然，在今天看来，最足以表现朱提社会经济文化繁荣的，莫过于朱提大姓的墓葬。在昭鲁坝子的高阜处，有很多隆起的土堆，当地人民称之为"梁堆"。根据多年来发掘的资料看，系汉

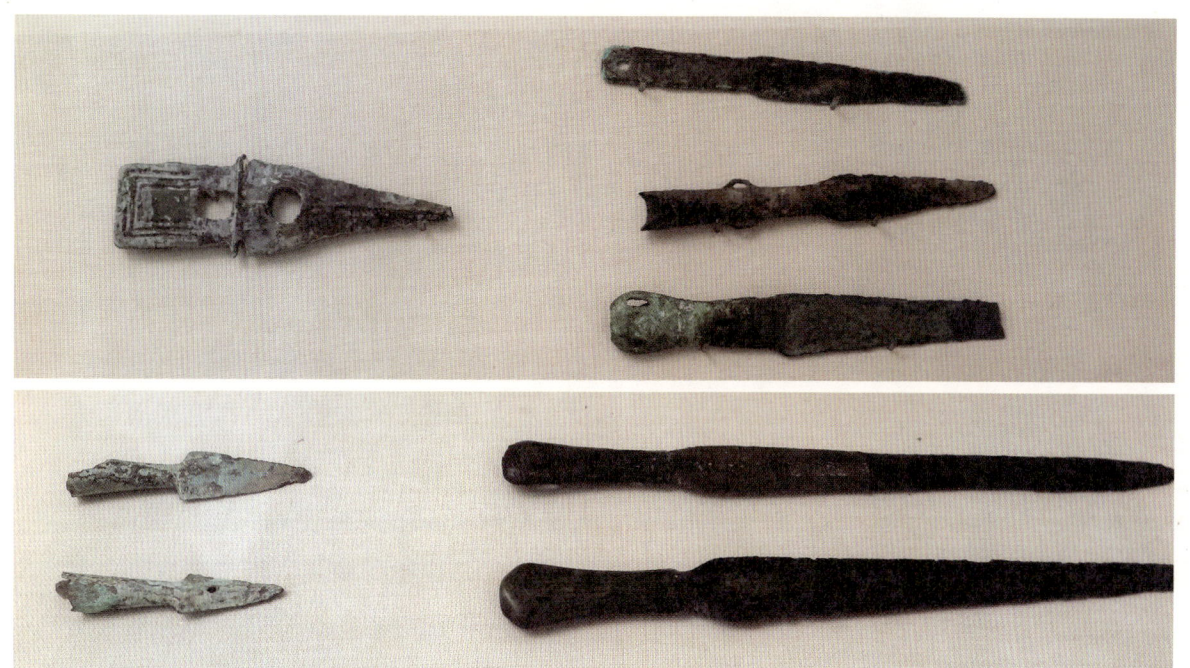

昭阳出土的青铜器

晋时期的墓葬。原来在汉武帝"募豪民田南夷"时，到朱提屯田的汉族移民，把先进的生产技术带到了朱提。他们利用当地的自然资源，从事农耕和矿冶业，经过百多年的经营，大多数成了官有的大姓、大家族。东汉时尤以孟氏为最著名，历史上称为"南中大姓"。据《华阳国志》记载，晋代的"朱提大姓"有"朱、鲁、雷、爨、仇、霍、高、李"八家。这些大姓，长期经营朱提，把汉代崇尚厚葬的风俗带到了朱提，死后依然厚葬。所以在汉代朱提所属地区，都留下了一些大型墓葬，而大部分又集中在昭鲁坝子周围。昭通考古专家张希鲁先生说，20世纪40年代昭鲁坝子容易见到的"梁堆"有一千多座。这些大墓用各种图案的花砖砌筑墓室，垒土覆盖。后来发现，有利用山岩开凿墓室的，如昭通市象鼻岭岩墓群，大村、洒渔以及大关县岔河等处岩墓。墓内随葬器物，一如死者生前所用，也有特制殉葬的明器，如铜俑、陶俑等，极尽奢侈豪华。从出土的遗物看，造型都很精致，显示出相当高的工艺水平。其葬式完全与四川和中原地区汉民族墓葬一致。当时要营造这样一座大

型墓葬，绝非小康人家所能办到。它一方面显示了朱提大姓的豪奢靡费，也从另一方面反映了当时社会经济的发展水平。如果没有社会经济的繁荣，没有很高的经济实力，是不可能建造这些大型墓葬的。

朱提文化上承古滇文化、下接南诏大理文化，为云南文化的三大发祥地之一。从公元前135年设县至625年设置通州，其间虽有郡县建制变化，但"朱提"之名未变，共存在760多年历史。尤其是汉晋两代发达的农业经济、灿烂的朱提文化，还有白铜的发明、朱提银的流布全国、昭通儒学的兴起和传播，表明当时朱提地区经济、社会、文化已高度繁荣。

三国之后，东晋王朝在南中改变了诸葛亮的"和抚"政策，政治混乱，朝令夕改，一些官吏"懦钝无治，政以贿成"，一些官吏残暴奸诈、鞭挞殊俗。疯狂镇压少数民族和汉族人民，使当地大姓、夷帅的政治经济利益受到侵犯，不断激起夷、汉人民的反晋斗争。朱提、建宁二郡是汉族屯民和大姓比较集中的地区，而这几十年的政治动乱，又主要集中在朱提郡。所以使东汉、三国时期曾一度经济文化繁荣的朱提郡，逐渐衰落，甚至城郭变为丘墟。居住在这里的汉族屯民，纷纷迁到滇中或滇西地区。《华阳国志》记载："晋民或入交州，或入永昌、牂柯，半亦为夷所困虏。"朱提逐渐衰落，社会经济得不

❶ 出土的这些文物，印证了昭通就是古"铜洗之乡"
❷ 带盖提梁铜壶

朱提银

到发展。

清顺治年间，古老的朱提山银矿又恢复了它千年前的风采，在以鲁甸厅乐马寨为中心的地区，包括巧家县棉花地、金牛箐，永善县金沙，彝良县小发路等地，又相继发现了丰富的银矿资源。雍正八年（1730年），张允随担任云南巡抚和云南总督后，在发展云南矿业方面，提出了听民开采和放本收铜、收银的方针。张允随上清政府《奏稿》中说："银业攸关兵饷，铜斤以供鼓铸，均属滇省要图。"主张"因地制宜，听民开采"。他基于这种指导思想，饬令各银厂管厂官员，实业悉心调剂，发展银业。道光二十七年（1847年），林则徐担任云贵总督后，也锐意振兴云南矿业，在银矿开发上着重于开源。林则徐指出："有土有财，货原恶其弃于地，因得而利，富乃使之藏于民，果能经营得宜，自可推行无弊。……如其地可聚千人者，必有能活千人之利，聚数百人者，亦必有能活数百人之利，无利之处，人乃裹足。"针对道光时期银矿萧条之弊，他进一步提出整顿、鼓励民间开发的措施。其重要内容，就是改

革经营方式："召集商民，听其朋资伙办。""成则加奖，歇亦不追。"林则徐认为：将官营改为民营的优越性有三点：第一，可以充分利用商业筹集资金；第二，官有督率之权，而无著赔之累；第三，商民对地方矿藏较为熟悉。

张允随、林则徐采取的政策，大大地调动了厂民的积极性，昭通府境内以朱提山银矿和铜矿为重点的有色金属工业，从根本上改变了过去那种"铜老山空"的认定，从而出现了蓬勃发展的新局面。对此，《滇南见闻录》载：乾、嘉时，在鲁甸乐马、东川汤丹、落雪等银、铜矿山"审山势，辨色"找矿的人，称呼为"打厂"。"厂民经官府批准开办后，也要经历一个从小到大的过程。""号召众人，或数人，或数十人。至于旺盛，而以千百计者为砂丁。"由于在鲁甸厅乐马寨找到了大银矿，因此，乐马厂很快发展为"大银厂"。它当时在云南生活上所占的经济地位，和东川铜厂、滇南锡厂并重。乐马厂银矿开办不到几年后，在乾隆七年（1742年）中，课银即达 9352 两，在当时的全省八大银矿中，就已经名列第二位。

鄂尔泰在东川、乌蒙等地以武力强势推进改土归流，巩固了清朝中央在滇东北的统治，为此后实行"放本收铜"制度奠定了必要的政治基础，云南铜矿开采开始兴旺起来。

乾隆二年（1737 年），云南铜矿的产量达到 750 万斤，除了解送充京局鼓铸、各省采买及本省鼓铸以外，尚余 300 万斤。为此，经云贵总督尹继善上疏建议并经九卿议定，除江浙两省因地理便利而仍从海外采购洋铜用于本地鼓铸之外，所有解京铜额一概改为滇铜。第二年（1738 年），云南巡抚张允随又就滇铜京运事宜做了奏报，清廷在其奏报基础上制定了云南运铜条例，对滇铜京运的数量、期限、损赔等事项都做了规定，确定以 400 余万的定额作为"正运铜斤"，另给云南加派 17.04 万斤作为"加运铜斤"，这两种铜斤又都另外加上数额不等的"耗铜"。正、耗、余三项总计每年高达 63.3144 万斤的滇铜，每年经由云南主要铜厂转运四川，再经

双耳鱼纹铜洗

长江、运河分送工部宝源局与户部宝泉局，做铜钱铸造之用。从乾隆四年（1739年）起，这个数额成为定例。在京运之外，各省也纷纷到云南采购滇铜，使云南成为全国最主要的铜材供应地。乾隆二十年（1755年）后，滇铜在全国市场所占比例就大致在77%~90%上下浮动，完全压倒洋铜10%~23%的份额。自此，滇铜生产及滇铜京运成了清代云南经济史上举足轻重的大事。

在乾隆三十八年（1773年）宁台厂兴旺以前，当时铜产量绝大部分都来自滇东北地区。根据清代《铜政便览》《滇南矿厂图略》等书的相关记载整理，清代昭通各铜厂的分布与产量的基本情况如下：

乐马厂，在鲁甸龙头山西，距昭通府城二站（一站至鲁甸，一站至昭通）。本系银厂，因矿料内夹铜气，经过一定的技术处理后可锻炼成铜，因而于乾隆十八年（1753年）开采，由鲁甸厅通判负责管理。乾隆四十三年（1778年）定额铜3600斤，嘉庆十二年（1807年）减定10000斤。每百斤给价银6两6钱，备供京运。

梅子沱厂，在永善县东南，沿金沙江下距泸州总店共六站，乾隆三十六年（1771年）开办。本厂并无矿洞，实际上是收买永善县金沙银厂的银矿冰脒转运至梅子沱进行二次煎炼后成铜，由昭通知府管理。本厂每年出铜三四万斤不等，乾隆四十三年（1778年）定额40000斤，嘉庆十二年（1807年）减为20000斤，每百斤价6两9钱余，备供京用。

人老山厂，在大关厅西北，周围奇峰峻岭，回环参错，沿关河距泸州总店共九站半。乾隆十七年（1752年）开办，由大关厅同知管理，至乾隆四十三年（1778年）时始定额产铜4200斤，每百斤价6两，备供京用。

箭竹塘厂，在大关厅西北的丁木树，又名八里香，发脉于永善金沙厂，沿关河距泸州总店共十一站半。乾隆十九年（1754年）开办，由大关厅同知管理，至四十三年（1778年）时始定额产铜4200斤，每百斤价格为白银6两，后缩减为3700斤，备供京运。

长发坡厂，在镇雄州西北，戈魁河东，经罗星渡距泸州总店共水陆十五站，距昭通府城五站。乾隆十年（1745年）开采，由镇雄州知州管理，乾隆四十三年（1778年）时始定额产铜12000斤，每百斤价格为白银6两，后缩减为11700斤，备供京运。

小岩坊厂，在永善县北四百余里，一名细沙溪戈魁河东，距泸州总店共水路八站半，距昭通府城十一站。乾隆十五年（1750年）开采，由永善县知县管理，乾隆四十三年（1778年）时始定额产铜23000斤，后缩减为11700斤，每百斤价格为白银6两9钱余，备供京运。

当然，以上清代昭通各铜厂年产定额只反映一个大致的情形。一则在所谓"正铜"即定额之外，尚有数量大致固定的其他名目，如户部在乾隆三年（1738年）时就厘定，云南铜厂每年在输京正铜之外每百斤又按九五成色加"耗铜"八斤，再依途运损耗加"余铜"三斤

马帮，驮运着银铜，也驮运着历史，还驮运着文化

等。同时，随着开采难度及成本的不断增加，昭通各铜厂的产量也有变化调整，如果以乾隆四十三年（1778年）为标准，此后到嘉庆年间，各厂定额都有程度不等的减少。

考虑到滇铜各厂铜料质量和运输路线远近的不同，清政府划分了各厂的销售方式。其中，专供运交京师宝源、宝泉两个铸钱局铸钱用的，称为"京运"，由东川府的汤丹、碌碌，以及昭通府大关厅的人老山、箭竹塘，鲁甸厅的乐马，永善县的梅子沱、小岩坊等厂供给；专供各省来云南采买运回自铸的，称作"采买"，由蒙自的金钗、云龙的白羊等厂供给；专供运交本省各铸钱局铸钱用的，称作"省局"，由南安的马龙、路南的红坡等厂供给；另有路南（今石林）的大兴、寻甸的发古、易门的万宝、罗次的大美等厂，则兼供京运、采买和省局。从乾隆初年基本停购洋铜开始到嘉庆末年期间，全国除江浙两省外的其余省份都在云南采办铜料。随着滇铜外运量的急

速增长，在地处边疆且山高谷深的云南解决交通问题，尽可能更多更好地开凿和完善为京运铜料服务的"铜路"，就成了当时清政府亟待解决的一件大事。由于昭通特殊的地理位置和各铜厂生产专供"京运"的现实，"滇铜京运"就成了当时地方交通最重要的问题。

在现代的交通工具问世以前，水路运输是大规模运输中成本最低的方式，经长江而入京杭大运河可直达京城，但云南沟壑纵横和长江上游金沙江的急流险滩使得舟楫难通，原有的人背马驮又显然很难保证滇铜京运的迅速和及时的到达。因而要解决昭通段大部分运程实现水运，金沙江及其支流关河水道的疏通是其关键。乾隆五年（1740年），云贵总督庆复就联同巡抚张允随一起奏报朝廷，提出滇铜如果改为水运，每年可省出一半的运输成本，出于"滇省大利"的考虑，完全有必要"开凿通川河道"。不过，这项工程一旦动工，技术难度不说，耗资巨大也不言而喻，清廷出于慎重，没有立即给予答复。两年后的乾隆七年（1742年），刚刚升任云贵总督的张允随奏准开通大关河的铜运河道，以节省下来的运输费用疏浚险滩，"帑不糜而功可就"，改变"昭通府地阻舟楫，物贵民艰"的局面，并在当年试行承担部分京铜的运输。历经三年，关河盐井渡水道工程正式完工。这项工程耗资6785两，共计凿通险滩72处，并修整了昭通到盐井渡之间的陆路险阻9处，从此"铜运坦行，商货骈集，克收成效"。

与关河水道的成功相比，金沙江水道的开通就不顺利了。金沙江在永善县内流程168.2公里，早在明朝万历三十六年（1608年），工部右给事中王元翰就曾建议开发金沙江水运。清雍正、乾隆年间，又因铜运艰难，为确保铸钱用铜之需，鄂尔泰首倡，庆符力主，提出开

江岸边的这些隘口，曾经是银铜交通大道

浚金沙江水运。清廷上下经过两年的审慎研究，自始至终朝中反对意见都从未间断，直到乾隆七年（1742年），乾隆本人才终于决定金沙江水路正式开工，并任命张允随总理全部工程事宜，由川陕总督尹继善为会办。金沙江水运工程实际上分为上下两段进行，上段工程自东川府小江口至永善县金沙厂，共计670里；下段工程从金沙厂到叙州府的新开滩，共计640里。乾隆七年（1742年）的十月正式开工，到第二年（1743年）四月，张允随就迫不及待地上奏，声称："各滩工程垂竣，试运京铜并无险阻。"实际情况却远非如此简单，蜈蚣岭等15处"极险"滩都因技术难度太大而无法施工，试运的京铜船只每到达一处险滩时都不得不下货登陆，然后再重新

铜镜

装船。如此反复进行，远未达到可以全线通航的程度。实际上，整个工程只有下段黄草坪到叙州新开滩可以顺利通航，上游一段因存在太多险滩导致运铜船只沉江事故频发，而于乾隆十四年（1749年）后改为陆运，等于宣告动员80多万人、耗银数十万两、历时6年之久的金沙江水运贯通工程并未取得成功。与此同时，寻甸到泸州之间经过镇雄州的罗星渡河道也在一年半的开凿后宣告竣工。这样，滇东北通往长江水道的交通条件有了极大的改善，滇铜运量也大大提高。

滇铜京运的路线分作三段：第一段从铜厂至铜店，第二段从云南各铜店至四川泸州总店，第三段从泸店至京局。滇铜京运最初走

羽人天鸡铜熏炉

的是贵州威宁,并未经过昭通。但在运铜量大增后,旧有路线不堪负荷,才有了后来的分运章程,从此滇铜京运路线就分为两路:一路由各铜厂运寻甸,再通过威宁转至镇雄南广而下,最后到泸州;另一路由东川运鲁甸交昭通,再经过大关由陆运交泸州,"此昭通铜运之始也"。传统上前者被称为"寻甸路",后者被称为"东川路",最后都以四川泸州总店为集散地。与寻甸路承担滇西各铜厂铜料的京运任务不同,东川路主要负责运送滇东北昭通、东川各厂所产的铜。一般来说,汤丹等厂的京铜先运交东川府接领,再从东川(俗称东店)起运,经鲁甸时收乐马等厂铜后一并到昭通。京铜汇聚到昭通（俗称为昭店）后又分两路：一路经大关厅，接领人老山、箭竹塘两厂的铜后，与昭通运交的京铜一并由豆沙关盐井渡（当时俗称井店）运到泸州；另一路经永善县黄草坪（俗称坪店）后再连同小岩坊的厂铜一并运至泸店。根据蓝勇教授的梳理我们可以看到，在实际的运输过程中有四条运铜路线贯通整个昭通大地。

其一，石门道（盐井渡）方向，此路将汇聚于东川府的铜料从陆路经五站半到鲁甸、昭通，而后陆路北运六站到豆沙关，再从盐井渡经横江河谷水运七站到叙州府。最后沿长江到二站到泸州，从东川到泸州全线共二十站，计有水程1450里左右。

其二，金沙江水道（黄草坪）方向，此路从昭通经昭黄驿道，即洒渔、永善莲峰县城、新店台三站半到黄草坪，再从黄草坪经水路八站到泸州。

其三，镇雄奎乡路方向，此路在昭通设店后，直接从东川店经五站半到昭通，又三站半经洛泽河到镇雄州奎乡店（今彝良奎香镇），再从奎乡经过镇雄的牛场、芒部、雨河、扎西隘、威信计十二站到四川永宁，最后一站水路到泸州。

其四，罗星渡方向，此路为乌撒入蜀旧路，山高水险，一般从威宁经五站到镇雄，然后又五站经芒部、雨洒等到罗星渡（今四川珙县罗渡），再从罗星渡先后沿南广河、长江水路计八站到泸州。

以上四条路线，单就其中的石门旧道而言，因其设施相对完善，在滇铜运输中作用巨大，故早有"滇铜运输第一线"之称；罗星渡方向自明清以来就是四川进入云南的重要官道之一，驿站众多，因而也成为滇铜转运路上的第二线；金沙江水道虽然没有完全成功开通，但在乾隆年间也曾一度承担了大约一半的滇铜转运任务，其作用同样不可低估，这些都充分显现出昭通在滇铜京运交通史上的重要地位。

滇铜采炼及京运，卷入几十万铜矿工人，穿越中国大地八个省共万余里，绵延两百余年，实为一场感天动地的壮举。从大处说，它支撑了王朝的半壁江山；从小处讲，它在促进昭通工商业发展的同时，也对昭通社会经济产生了重要而深远的影响。

首先，极大地改善了昭通的交通状况，使昭通成为滇铜京运的重要枢纽之一，为清代昭通的经济发展打下了硬件基础。为了保证铜运的畅通，改土后的清政府不仅投入巨资疏浚河道，还拨出固定经费对沿途道路进行维修。通常水路年年维护，陆路五六年也须维修一次，昭通路段地当要冲，尤其如此。据《铜政便览》卷8的记载，在政府定期不定期进行维修的15处运铜路段中，滇东北地区就有13处，平均每处的维修费八九百两。乾隆十七年（1752年），东川府又专门在经江底到昭通间河段修桥三座，并修建车路、站房若干，使得连通昭通的道路更加便捷。

与此相同，乾隆初年清政府动员八十多万人，耗银数十万两，开通金沙江下段永善黄坪至四川宜宾新开滩航道，上段自东川小江入口至黄坪，也进行了部分整修，实现短期内的间断通航。上行时除用风帆和船工桨橹驱运外，并用纤夫在岸上长绳牵引。水道打通后，除了运铜之外，也兼运其他货物，所谓船只往来，"上运油米，下运铜勀"。由于交通的改善极大地便利了民众的出行以及商贸往来，民间便以多种方式加入到修路开道的行列中。"有百姓相约修建，大富捐资修建，标右营府修建，还有行善积德，修阴功者修建4种。桧溪至青胜的沿江释道由当地民众相约修建，其间有烧岩凿路记载。吞都至颜家坝江边石路系标右营府修建；吞都至井底间的一段山路'云梯万韧'由乡贤捐资修建。"这样一来，原本险峻异常的路段，也能做到乡间集镇皆可互通往返的良好局面。

其次，稳固了自改土以来中央对地方的统治。改土归流并非只是将土司和土司制度简单地一革了之，而是一个包括诸多方面的系统工程。清廷实际上也非常清醒地知道，革除土官只是改土归流的第一步，要使改土归流不致半途而废、前功尽弃，第二步的善后工作显得更加重要。为此，从四方募民到昭通屯垦，向当地民众推行新风俗，广设儒学等，都是加强统治的手段之一。考虑到文化教育的重要性，清政府还在昭通大量设立义学，弥补正规学堂的不足。据乾隆《云南通志》"义学"条的统计，云南全省在康熙、雍正时共建义学562处，其中"昭通府四处，恩安县二处，镇雄州五处，永善县四处，大关厅三处，鲁甸五处"。除以上措施之外，在改流地区开修道路，将道路险峻致人马难行之处，及时修理平坦，也是首要任务之一。昭通自五尺道开通以来就一直是云南联系巴蜀和中原的交通咽喉，唐代以后土司割据，通道堵塞，逐渐形成"川陆久存而榛塞"的局面。交通断绝，以至从中原入滇或从云南通往巴蜀和中原，都只有绕道曲靖。改流尤其是大规模铜运开始后，四通八达的水陆道路经过昭通，北可入川，东可至黔，沿金沙江河道还可融入长江、北接大运河入京，昭通再次成为云南的咽喉要道，既是铜运的便捷通道，也相应地为中央实施对昭通的统治提供了便利。

朱提银铜的再度繁荣，刺激了昭通工商业的发展，昭通市场一时极度兴盛。滇铜京运对沿途城镇，特别是滇东北这一铜的主要生产和转运地区的影响明显。鲁甸乐马厂银铜业的开发，在周围形成了一个由众多街道组成的乐马厂区集镇；与黄草坪相邻的金沙厂区，也逐渐发展成为拥有三千余人的大集镇，其中，一条河坝街上的银铺就多达48家。永善县王日仁的《江神庙碑记》载，永善当时"舻舳相接，欸乃之声，应山而响，而自蜀至滇商贾贸易者，亦络续往来矣"，已是一个重要的码头。昭通各地商务繁盛，当时有人形容："远近客民，多于泊船之处葺屋兴场，川货日见流通，店房日渐建设，商旅往来，渐有内地景象。"同时，各铜厂所产铜的一部分可以私卖，这就增加了矿工的收入；在转运过程中，又有运脚的步银、水脚、马脚银、筐篓、折耗等各种开销和收入，而昭通店、镇雄店、黄草坪店、豆沙关店等各店的管理人员还另有各种养廉银、工食银进项。这些无疑都为当地民众增加了大量的就业机会，也刺激了当地的消费水平和城镇经济的发达。随着人们购买力的上升，昭通府城也变为万商云集之地，昭通民谚所谓"搬不完

鱼纹底的铜洗

的昭通,填不满的叙府",就是乾嘉时期昭通工商业发达的反映。陕西、广东、湖广、四川、江西、贵州、江浙等省商民云集昭通从事商业贸易,四川商人以贩运丝麻织品、食盐等商品为大宗,江西、湖南、江浙、两广则以绸缎、药品等商品为主,怀远街还成为泛称"江西帮"的江西商人集中销售绸缎布匹的市场。各省商民云集昭通城后,各省同乡会或行帮之类的组织,亦相继建立。乾隆二十四年(1759年)建的陕西庙,为五省同乡会的会馆。其他如贵州籍建忠烈宫,四川籍建川主庙,江西籍建万寿宫、玉皇阁,广东人建南华宫,福建人建天后宫等。手工业各行业也有自己的组织和集会的场所,例如,木工建鲁班庙,铁工则建老君庙,可谓盛极一时。《昭通县乡土志略》一书中,记述当时盛况时说:"在昔昭城,商业繁盛。厂务发达,称银用秤。滇铜蜀盐,车马交骄。秦楚赣粤,工贾群进。苏松梭布,填塞路径。百货云集,任人贩运。"

该志略注释中,还特别为昭通市场兴旺景象补充说:"乾嘉间,乐马厂、长发硐、金沙厂相继大旺,出银甚多,商于厂者，贩一车米去，即以一车厂饼运回。铜到泸州，即驮盐转。昭通车马盈途，秦楚赣粤各省商贾，来昭者络绎不绝。贩布者招牌皆写苏松梭布。其时，山货下川，杂货入昭，上会理，至省城者贩运不少，字号尤多。"

所谓"厂饼"，据《滇南闻见录》说，即"厂中所产银，成分不一，由炉入罩，皆成圆饼，如铜锡然"。实质上"厂饼"就是银的初制品。乾嘉中，到乐马厂、金沙厂等银厂贸易的商人，"贩一车米去，即以一车厂饼运回"的盈利情况，怎能不使昭通市场招来各省客商，形成车如流水马如龙的兴旺

曾被称为"逐日运动场"的元宝山体育场新貌

景象呢。根据咸丰元年（1851年）的一块碑文记载，嘉庆到咸丰时，昭通城内大商号，就有饶余庆当、奕万政号、万铨号、饶万镒号、方泰正号、新兴当号、张福盛栈、庆远当、丰盛号、源利当、施裕昌、永盛济号、复兴栈、富春号等56家。此外，还有其他的许多商店、马店等未包括在内。以上所述商号，论其经营范围，大体上可划分为以下五种类型：行号，经营运销各种货物的批发；当铺，即具有金融性质的商号，在很大程度上起到高利抵押贷款的作用；堆栈，即对外地商人提供食宿，存放货物，进行商业活动的商号；山货行，以经营山货药材为专业；客、马店等等。由此可见，当时，昭通市场中的经营单位，随着银、铜冶金工业发展，和市场经济范围的扩大，已经有所分工经营。它标志着昭通市场已经进入一个全面

的兴旺时期。

各省商民还在昭通府城及各县城建立同乡会馆，如四川的川主庙、江西的万寿宫、广东的南华宫，其中不少房屋成为当时昭通的"地标性"建筑。如贵州的黑神庙，位于南城内凤池书院旁，又名忠烈宫，富丽堂皇，建成后一直为远近闻名的一大景观。据《昭通志稿》载："其戏台之工巧鲜有伦比。"《昭通县乡土志略》一书中记述当时盛况时说："在昔昭城，商业繁盛。厂务发达，称银用秤。滇铜蜀盐，车马交骈。秦楚赣粤，工贾群进。苏松梭布，填塞路径。百货云集，任人贩运。"呈现一幅车水马龙的繁荣景象。

乾隆二年（1737年），云南铜矿的产量达到750万斤，除了解送充京局鼓铸、各省采买及本省鼓铸以外，尚余300万斤。为此，经云贵总督尹继善上疏建议并经九卿议定，除江浙两省因地理便利而仍从海外采购洋铜用于本地鼓铸之外，所有解京铜额一概改为滇铜。第二年（1738年），云南巡抚张允随又就滇铜京运事宜做了奏报，清廷在其奏报基础上制定云南运铜条例，就针对滇铜京运的数量、期限、损赔等事项都做了规定，确定以400余万的定额作为"正运铜斤"，另给云南加派1704000斤作为"加运铜斤"，这两种铜斤又都另外加上数额不等的"耗铜"。正、耗、余三项总计每年高达6331440斤的滇铜，每年经由云南主要铜厂转运四川，再经长江、运河分送工部宝源局与户部宝泉局，做铜钱铸造之用。从乾隆四年（1739年）起，这个数额成为定例。在京运之外，各省也纷纷到云南采购滇铜，使云南成为全国最主要的铜材供应地。乾隆二十年（1755年）后，滇铜在全国市场所占比例就大致在百分之七十七到百分之九十上下浮动，完全压倒洋铜百分之十到百分之二十三的份额。

自此，滇铜生产及滇铜京运成了清代云南经济史上举足轻重的大事。在乾隆三十八年（1768年）宁台厂兴旺以前，当时铜产量绝大部分都来自滇东北地区。

滇铜采炼及京运，卷入几十万铜矿工人，穿越中国大地八个省共万余里，绵延两百余年，实为一场感天动地的壮举。从大处说，它支

红土地上即将演绎新时期的现代绿色农业

撑了王朝的半壁江山；从小处讲，它对促进滇东北地区经济社会的发展产生了重要而深远的影响。

为何有搬不完的昭通、填不满的叙府之说，那是因为这块土地上，有着无尽的矿藏，一个时期商业的极其繁荣，朱提银铜又一度的繁荣，刺激了昭通工商业的发展，昭通市场一时极度兴盛。昭通府城（昭阳区）变为万商云集之地，昭通民谚所谓"搬不完的昭通，填不满的叙府"，就是乾嘉时期昭通工商业发达的反映。陕西、广东、湖广、四川、江西、贵州、江浙等各省商民云集昭通从事商业贸易，四川商人以贩运丝麻织品、食盐等商品为大宗，江西、湖南、江浙、两广则以绸缎、药品等商品为主，怀远街还成为泛称"江西帮"的江西商人集中销售绸缎布匹的市场。各省商民云集昭通城后，各省同乡会或行帮之类的组织亦相继建立。乾隆二十四年（1759年）建的陕西庙，为五省同乡会的会馆。其他如贵州籍建忠烈宫，四川籍建川主庙，江西籍建万寿宫、玉皇阁，广东人建南华宫，福建人建天后宫等。手工业各行业也有自己的组织和集会的场所，诸如木工建鲁班庙，铁工则建老君庙，可谓盛极一时。《昭通县乡土志略》一书中，记述当时盛况时说："在昔昭城，

李耀庭画像

商业繁盛。厂务发达，称银用秤。滇铜蜀盐，车马交骄。秦楚赣粤，工贾群进。苏松梭布，填塞路径。百货云集，任人贩运。""秦楚赣粤各省商贾，来昭者络绎不绝。贩布者招牌皆写苏松梭布。其时，山货下川，杂货入昭，上会理，至省城者贩运不少，字号尤多。"嘉庆到咸丰时，昭阳城内大商号，就有饶余庆当、奕万政号、万铨号、饶万镒号等56家。此外，还有其他的许多商店、马店等未包括在内。

清朝末年，昭通与外界的联系不断加强，一批人开始出国留学，资产阶级革命浪潮兴起，启蒙思想广泛传播。孙中山先生领导的兴中会、同盟会活动于海内外，声势浩大。革命风气影响昭通，其中李耀庭就是一个代表。太平天国起义后，云南爆发了战争，李耀庭加入了迤东平乱，作战勇猛，任过游击、都司，后以战功获得即补县正台的功禄。之后弃戎从商，1880年由滇入渝，经营天瑞祥票号，多谋善贾，成为"西南首富"。重庆商务总会成立，被推为首任总理。宣传资产阶级改良主义，揭露列强侵略，抨击清政府腐败。李耀庭曾捐款，解决办报经费问题。在孙中山领导的资产阶级民主革命蓬勃兴起后，他与同盟会重庆支部负责人杨沧白、张培爵、朱之洪等人常有来往，深受资产阶级民主主义思想的影响，对革命亦多所赞助。李耀庭支持其次子裴知捐银三万元，以助孙文、陈绍宽。李耀庭以其重庆商务总会总理的号召力，对蜀军政府筹措军政费用，给予积极支持。其子湛阳、和阳在重庆辛亥革命中亦多有贡献。

随着西方传教士的进入，昭通这个特殊的地方，开始受到西方文化的涌入，搅和了区域的人文思考，冲击着彝族团体人文精神又一次崛起，引领昭阳开明思潮的形成。1887年，22岁的伯格理从英国来到了云南昭通17年后长期扎根在昭通附近的石门坎。1905年前后，更多的西方传教士在昭通的活动。1906年，英国医生格兰丁，以人道、博爱的基督教信仰，历经重重难关来到昭通10年，在致力于传教的的过程中，却专注于勇敢无私的治病救人。1920

格兰丁残石碑

年后,再次来到昭通,与其他同事并肩行医传医,不慎自己感染上了斑疹伤寒而病逝于昭通,遗体安葬于凤凰山。西方文化的进入,推动了昭通医学、教育的空前发展。同时带来了文化的冲击和思想的启蒙,包括西方油画、音乐等开始在昭通产生影响,促成了思维的革命。特别影响了当地一大批彝族同胞的思想革新,使民国时期昭通彝族集体走到云南政治的前台。

　　1911年,辛亥革命推翻了清王朝的统治,建立了中华民国。民国二年(1913年),废除府治,原厅、州一律称县。撤销昭通府治,改恩安县(昭阳区)为昭通县。民国时期的昭通县城,仍然不失为

迤东重镇，滇东北政治、经济、文化的中心。它特定的地理位置，随着近代商品经济的发展，成为云、贵、川三省的重要物资集散地。整个市场经济仍处于当时历史的最好水平。据《民国昭通县志稿》载，民国十年（1921年），昭通县约有户口38210户人口18670人。到民国二十一年（1932年）有户口46646户人口211801人，有耕地223810亩，其中水田94094亩。又据《昭通市工商税收志稿》记载，到1949年，全县人口约为25万人，其中城镇人口3万人左右，城镇工商业者5356户。可谓繁荣。

在农田水利建设上，民国三年（1914年），因龙洞大闸历年淤塞，闸底填高，蓄水不多，确定疏浚。但因经费不足和人事变动，到民国十年（1921年）工程才结束。为解决南郊簸箕湾、黑泥地一带的水患，民国十三年（1924年），沿昭鲁河开修30里的堰沟直达老鸦岩。民国二十年（1931年），成立昭鲁水利工程处，彻底整治昭鲁大河。疏浚沿河坪田，增加围埝，开挖大沙坝，凿深老鸦岩过江石峡，因而排出了南郊坝子里的积水。拓荒六千余

亩，使今新民村一带成为良田。被列为动用国家投资建设的水利设施尚有昭通县自来水工程，把大龙洞泉水引到县城，解决城中饮用水问题。但因经费不足，中华人民共和国成立前虽通水，但其配套设施却不完善。

本地区由于气候类型多样，种植业品种较多。粮食作物主要有水稻、苞谷、洋芋、小麦、燕麦、荞子、高粱、甘薯和各种豆类。经济作物有花生、油菜、甘蔗、兰花烟、烤烟。其中烤烟为新引进品种。1941年，经云南省建设厅发种，先后在昭阳区、镇雄、威信、鲁甸等县（区）试种美种烟叶。到1947年，昭阳区种植400余亩，收购烟叶800余担。当时虽未能产生大的经济效益，但开发了此品种，对后来昭通烤烟的发展奠定了基础。经济林木有白蜡虫树、桐子树、漆树、枧子树、果木树等，特别是白蜡虫树，每年阳春三月，四川商人到昭通各县购买"虫子"，谓之"赶虫会"，其时市场甚为兴旺。

在工业方面，成立了"昭通民众实业股份有限公司"。它的资金来源主要是民众集资和各机关团体公款投资。股金共银币20万元。它的经营业务是：开垦南乡观音寺荒地；举办电业，购进一台80千瓦的发电机组，解决城市照明及碾米用电；举办采矿、制革、森林、畜牧等业。其他工业有火柴、肥皂和采煤业。手工业比较发达，有酿酒、制

❶ 在传教中，用生命传播文化的伯格理

❷ 西方文化冲击下，石门坎苗族保留的简易教堂

❸ 格兰丁墓残石碑

纸、织土布、制毡、铁器、毛皮、制鞋、土陶、缝纫、印刷、食品等。尤以织土布最为兴盛，家庭织布遍及城乡，据1937年统计，有14000余架织布机，从业人员达15000多人。

1940年，省财政厅曾设鲁甸矿务局，对乐马厂矿区进行勘测、开采，土法冶炼。1941年，机构扩大，改为昭通银铅矿管理处，经过一年多的采炼，却因成本高，矿苗稀疏，于1943年奉令停办。

但是，商业的发达，特别是抗日战争时期，昭通成了大后方，很多外省客商云集昭通城，使社会经济空前发展。还是这块土地的特殊位置，一是川滇要冲，人口密度大，商品消费量增加；二是本地区的自然资源较多，大量的农副产品和山货药材，都往四川方向

昭阳区布嘎现代烟草农业

运输；三是交通运输，当时成昆铁路、贵昆铁路未通，昆明方向的物资运到四川，大都沿着昆明—昭通—叙府这条川滇交通线。物资运输，虽有部分汽车，而主要靠马帮驮运，形成众多堆栈转运。一些经营百货的商号都在叙府、泸州、重庆等地"坐桩"（设立分号）。当时昭通城内较多的商号、百货业店铺以及银行、金融汇兑等集中在陡街辕门口一带，主要销售各类商品。

在这样繁荣的商业背景下，城市也自然有所发展。安恩溥镇守昭通时，在修建迎丰桥、虹桥、元宝山体育场，修葺清官亭、葡萄井和大龙洞等风景点的同时，大力扩修街道。西大

街、陡街为昭通主要商业街道。"整顿市政,首将市集最繁之陡街着手退让街房,改观门面,兴筑马路。"为发展经济、促进商业,将原陡街土木结构铺面拆迁,扩宽街道,改建砖砌二层楼房铺面,使陡街面貌焕然一新,得到市民交相称赞。陡街改造后,安恩溥将"次第兴修西大街,环城马路及城内十字马路"。完成以后,昭通城市建设呈现出"铺面尽改西式,街道宽平"的景象,故时有"小昆明"之称。

1937年,全面的抗日战争爆发。当时,昭通虽然不是前沿战场,仅有日本飞机投掷炸弹炸过昭通城和机场,但就因为受到云南政治层面的那一大批能人之士的影响,几千名昭通热血男儿在安恩溥的带领下,被编为国民革命军第六十军一八二师,从昭通集结,奔赴抗日前线,参加了台儿庄战役、武汉保卫战等。单载入史册的英烈就有3300多人,其中昭阳区籍964人。这个数据或许不能说明什么,但是,它体现了昭通人民在抗日救国战争中体现出来的民族大义和气节。

民国时期的露天自来水工程

芳草随人上古城

> 在中国的版图上,昭阳区或者名不见经传,但是,它深远的历史却不可忽视。历史创造了这个地方,也成就了这个地方。它的古老,它的风韵,它的传承,有着重大的社会意义,或者说它承担着重大的社会意义。

1905年的昭通城东门抚镇门

  时光飞逝,历史却没有忽视记录下它的印迹。对于文化,无论从哪儿进入,无论流向了哪里,这块土地,都有着它深厚的底蕴。

  时光飞逝,有时,一去几百年,或者就是上千年。昭阳区,历史悠久,时光深远。这已经是一个常识。一个地方的文化,既出自于人类,也在时光的建造中。《华阳国志》有过记载,朱提郡"其民好学,滨犍为号多士人,为宁州冠冕"。是的,朱提学子外出游学,取长补短,汉文化典籍及典仪、礼俗、服饰及生活习俗的浸染,使之呈现多元的民族文化内涵。然而,文化必须传承才有繁荣,繁荣又得有历史的深邃作为基石。

  在云南的版图上,昭通是云南文明的三大发祥地之一。这是一个不争的事实。还有一个不争的事实,昭阳区是昭通经济、政治和文化的中心。它的重中之重,便无须佐证。它建城历史之悠久,与昆明和大理也不相上下。而这部历史之书,它甚至比昆明和大理浩繁。如果把这三座城市的历史都比作河流

的话，那么，昆明因最终成了云南经济、政治、文化中心而显得波澜壮阔。大理因托起一个"大理国"而掀起惊涛骇浪；昭通，则因为河床的不断拐点，相隔较长一段风平浪静的流程，又卷起扣人心弦的巨浪，而且在平静的水面下总是暗流涌动，对云南的发展产生了持久而强大的冲击。

一块土地，一座城市，一段历史，一方文化。这可能完全是一种相辅相成，或者说，是缺一不可的事情。不得不说，一座城市有一座城市的命运。昭阳区更是如此。因为云南大地上，在云南文明三个发祥地之中，昆明作为云南省会城市，大理作为云南的旅游城市，它们在中华人民共和国成立60年来，特别是改革开放30年来的发展，可以说，走过的是一条直线型的坦途。昭通却没有那么幸运，也就是说，昭阳区并没有那么幸运。在相当长的一段历史时期

① 1943年5月，昭通陡街等待龙云回乡

② 向雷锋同志学习

内，这座古老的城无疑是衰落了。如果没有典籍的记载，人们几乎不会相信这个地方曾经拥有的光荣和辉煌。

在中国的版图上，昭阳区或者名不见经传，但是，它深远的历史却不可忽视。历史创造了这个地方，也成就了这个地方。它的古老，它的风韵，它的传承，有着重大的社会意义，或者说它承担着重大的社会意义。

就是这种文化的深厚和传承，到了民国时期，繁荣成了一个云贵川三省边区的经济文化中心，时有"小昆明"之美誉。尽管后来由于交通闭塞和地域条件限制等因素，这块土地成为全国最贫困的地区之一，但也使这里成为云南中原文化保存最完好的地区之一。崇尚读书、崇尚文化、尊重文人、热爱文学的传统，在这里一脉相承。

昭通古城内的两广会馆遗址

从一些存在的实物也可以见证。比如各种寺庙和会馆,是远近闻名的"会馆之都"。清雍正年间,全国各地来昭通从事矿产开采和进行商贸的商人颇多。为此,旅居昭通的各界人士纷纷利用乡土情谊建立同乡会馆,保护自身利益,在昭阳古城形成了丰富的清代中国古建筑群落。若大致排列,有如下这些:江西庙、广东庙、陕西庙、川主庙、禹王宫、黑神庙、财神庙、土主庙、文庙、武庙、城隍庙、三官庙、张王庙、鲁班庙、吕祖庙、苏祖庙、老君庙、火神庙、小红庙、妈祖庙、梅葛庙、灵官庙、天后宫、文昌宫、玉皇宫等,另外还有善福堂、天主堂等外国人修的教堂,至于冠以姓氏的家族宗庙如李家祠、马家祠等。李家祠是清代著名顶戴商人李耀庭供奉祖先的家庙。李耀庭生于清道光十七年(1837年),本是一个贫苦之人,当过挑夫,挑过"生意"。后来经商发迹,票号遍布全国,资助过孙中山,成为名副其实的"钱王"。光绪三十四年(1908年),李耀庭修建了供奉祖先的家祠,宗祠占地面积约6000平方米,为两进典型清代建筑。1980年,该古建筑群落曾被列为昭通市级重点文物保护单位。有青砖镂花的围墙,有琉璃的瓦当,有雕花的廊柱,有古柏森森,有不知名的花草红绿掩映,有翘角飞檐重重叠叠。建筑规模非常宏大,依稀可见当年的繁盛与奢华。

很有必要提及的是陕西庙。它位于昭阳区永安街,建于清乾隆

二十四年（1759年），由陕西客商所建，又称西秦会馆。在民国八年（1919年）重修，改称为西北五省会馆，占地面积约2800平方米，前有石质"忠义坊"（已毁）。正殿为歇山顶式建筑，前殿为卷棚顶，面阔三间18米，进深三间18米，进门的门楼上方是一座用于唱堂会的戏台，在戏台前方有石护栏观赏台，在台子三面分别嵌有精美的石刻，刻于1919年，共13幅，每幅高0.65米、宽1.3米。有神话传说，有历史故事，有社会生活，戏剧场面，花鸟静物，均刻艺精湛，惟妙惟肖，至今清晰可见。栏杆上有石雕，其中八仙、罗汉、献寿图等所刻人物生动，线条灵动而流畅，其书法苍劲有力，体现出传统的真、草、隶、篆等书体。在四角的石柱上雕有小石狮，憨态可掬。

　　该建筑的主要特点是采用了中原建筑风格，整个布局气势宏大，对应了中国传统建筑四合五天井的特点。是比较典型的中国建筑，平面组合，总体方正，强调对称，中轴明确。在中

陕西庙遗迹之一

民国时期的昭通古城黑神庙

轴线上布置主要建筑,四周以廊墙及其他建筑组成,有纵深、有层次,整个建筑造型秀雅、工艺精湛。

一些寺庙虽然是进行宗教活动的场所,但同时也是一种文化的载体,不同的寺庙反映不同的社群信仰和风俗。各种各样的寺庙及其活动,实际上也反映了这块土地上汉族移民和传统文化的多元性的特点。还有文庙,更加充分地反映着这块土地上文脉的印证。在昭阳区这块厚土上,如果追溯最早办学的地方,它的前身就是文庙,又称"孔庙"或"黉学"。办学后叫"凤池书院"。书院汇集了当时的一大批文人学者,孕育了诸如萧瑞麟、辛联玮等众多才华横溢的文化名人。他们招徒讲学、传播文化,为那时昭通文化的繁荣做出了卓越的贡献。民国时期,昭通书香世家出身的张本钊、张本钧兄弟奉命在"凤池书院"创办"省立第二师范学校",张氏兄弟先后担任校长。不久又更名为昭通中学。在这里又培养出了蜚声中外的国学大师姜亮夫、考古学家张希鲁、历史学家邓子琴、中国最年轻的中国科学院院士张亚平。

为何如此有影响,无须用解答的方式。这块土地交通闭塞,文化却依然通畅,没有隔断,一脉相承。就是一块石头,也承载着文化。比如被称之为寰宇稀世之奇珍和海内第一石的孟孝琚碑。除了在书法史研究方面具有重要价值外,通过对孟孝琚碑的研究,还可以探寻秦汉时期云南边疆的社会文化发展情况,折射出当时中原文化对云南的重要影响,为研究云南古代文化史及其与中原文化的关系提供了重要的实物参证。

历史存在的东西,并不是一种偶然。就是到了现在,各种文化的繁荣,依然灿烂。比如文学艺术事业的发展,从封闭走向外面,引起了全国的知晓,成为一道绚丽的风景,也是一个事实。这道风景就源于昭阳区这块土地上,古时候就有

"其民好学"的传统。一直延续,特别到了20世纪80年代以后,各种文学社团遍及城乡,官办和民办报刊齐头并进。不论是昭通市文联、大中专院校,还是机关单位、企业、乡镇,都有自办文学刊物,而且大多是自筹资金、免费赠阅,成为培养大批文学爱好者的主阵地。以至于形成了在全国具有影响力并写进了中国作协报告中的地级市"昭通作家群"和昭通文学现象。当然这只不过是文化艺术中的其中一项。这块土地上的书画艺术,也一样的兴盛。

书法的历史,也十分悠久。这也得从这块土地上的历史实物来看,还是得再一次提及156年的汉孟孝琚碑。那种书法的雄健遒劲,与中原书风一脉相承。然而,从那以后,也影响着一代又一代的人。到了民国时期,有了各具特色的书法呈现,魏碑、行楷、隶书、篆书等书风,对书法艺术产生了很大影响。在20世纪六七十年代,书法界出现了一种萧条景象。然而,在70年代以后,因为文化的一脉相承,书法艺术又开始复苏。到了80年代,书法艺术开始活跃了起来,成立了书法协会。因为有了一个社团组织和平台,各种展

陕西庙遗迹

被称为"海内第一石"的汉孟孝琚碑

出和交流不断丰富着书法艺术事业。在80年代后期，培养了一大批中青年书法家，不断有人加入省书协、全国书协。特别到了现在，各种成果汇集，开办各种书法展，各种作品集出版。书法家和爱好者颇多，并且，这些书法家不仅有着不同的风格的传统功力，还有着自身鲜明的个性，正呈现出一片繁荣兴盛的景象。昭阳区的书法艺术，在传承中有着极大的发展。从清末到民国，云南书坛上的陈荣昌、赵藩、袁嘉谷等名宿直接对昭通的书法产生过巨大的影响，尤其陈荣昌在昭通留下了很多的字迹，影响着较多的后学者，之后的包鸣泉、谢饮涧、陈云涛、祝雁南、赵家璧等一些大家，直接促进了昭通书法在改革开放后的大发展。特别是20世纪八九十年代中国书画函授大学昭通分校连续几期的举办，极大地促进了昭阳区书法爱好者群体的形成。2005年，昭阳区书协成立后，一批热心人围绕书法艺术事业不断努力，尤其是在不断创新开展书法活动的同时，连续七届的临摹展，又一次深入地促进形成了广大书法爱好者正本清源，追摹经典的风气，并且还直接带动较多青少年学习传统。可以说，前几年暴涨的全国书法乱象，并未严重冲击昭阳书法。相反，昭阳区还保留了纯正书法风气。目前，虽还未形成强大的书法阵容，但一大批中青年书法爱好者和青少年正以崭新的姿态，体现出了较为强劲的发展态势。

美术也一样。其实，追溯起来，美术的历史更为久远。可以追溯到新石器时期的陶、东汉时期的画砖、青铜纹样，直到晋代的壁画等，都是这块土地上的先民所留下来的宝贵财富。在古老的农耕时代，各种图腾，以至于生活场景中所见的石雕、石刻、面具艺术、民间版画、剪纸、刺绣、传统民居等等，都完全体现着美术带给人们的欣赏和熏陶。传统文化的继承和学习以及学院派的专业学习、创作，形成了一大批美术创作人才。中国画、油画、版画、雕塑、工艺美术等各个领域里都有一批出色的人才，具有较强的实力。特别是近年来，优秀作品涌现了很多，各种个展和联展举办次数较多，有时是在区里，有时是市级，有时是全省的展览，大大地

挑水巷里的法律文书代写

提高和展现了美术的创作成果。

昭阳区的美术是很有传统的。在清朝末期，一方面是外来文化大肆涌进昭通，包括西方传教士带来的新式文化，另一方面，有较多的有识之士出外学习，有到欧洲的，也有到日本留学的，更多的到了全国的很多地方，回到昭通以后，形成了新文化运动对昭通文化的极大冲击。昭通古城书画历来就很有传统的局面似乎一下被激活了，直接导致整个民国时期的高度热情，西画、国画都有了较大的发展。

新中国成立后，昭通美术进入了一个崭新的发展时期。老一辈画家如吴希龄、陈明礼等先生老当益壮，创作了大量优秀的中国画作品。自20世纪50年代始，昭通有了现代意义上的美术教育，为昭通培养了一批美术人才，六七十年代，一批美术院校专业毕业的大学生、中专生分配到昭通，昭通美术界初具规模，形成了一支包含中国画、油画、版画、雕塑、工艺美术等较为全面的美术创作队伍，经常参加全国、全省的美术作品展览，为昭通美术做出了贡献。改革开放后，昭通这块古老的土地又焕发了生机，美术进入了一个新的繁荣时期，多次聘请海内外专家、教授到昭通举办美术作品展览和学术讲座，多次与海内外美术界进行交流活动。中国书画函大昭通分校开办，与曲靖、东川联办滇东北

画展，与四川省、贵州省联办西南三省七地市美术摄影书法展览，与江苏无锡联办书画作品交流展等。这些活动，促进了昭通与外界的文化交流，活跃了昭通的文化气氛，开阔了昭通美术界的视野，提高了专业创作水平。

2005年，昭阳区美协成立后，进一步加强了美术工作，美术活动不断开展，美术队伍不断壮大，逐渐形成了一支老、中、青三代的较有实力和规模的美术家阵容。不少美术家相继到全国高等美术院校进修深造，走出了洪浩昌为代表的画家，还有多位老画家如彭耘、张正春等人，转战到昆明，直接促进了云南美术的繁荣。其中，区美术家协会主席李生华还创作了134米长的长卷《昭阳山水》，昭通美术界画家们勤于实践，勇于探索；立足本土，面向未来，先后参加了各类国际性美展、国家级美展和海内外美展，并多次获得各类奖项。有的作品被国家级、省级美术刊物发表，有的被各级美术馆、博物馆收藏，有的出版画集。

昭阳这块有着优秀文化传统的古老土地养育了许多优秀的美术家，也为全国、全省各高等院校输送了不少美术人才。

特别是2017年4月，为认真贯彻落实习近平总书记文艺座谈

老街余韵

会讲话精神和全国文代会精神，按照省委要求和省文联的安排，以着眼于繁荣和发展云南的美术创作，营造更加积极向上的美术创作氛围，培养更多的美术创作骨干为己任。昭阳区文联承办了主题为"中国梦·写意昭阳"的云南省美术创作骨干培训班。为期十天，开设了不同类别的中国画山水、中国画花鸟、中国画人物、油画风景和油画人物，全省180余名骨干参加了培训。邀请了全省顶级的辅导教师全程辅导，这次全省最大规模最高规格的培训，还进行了作品展，并结集出版作品集，重点是对创作道路的把脉和扶正，极大地促进了昭阳区美术创作氛围的形成和整体水平的提高。

当然，笔触不过是一种技术，更多的，是画者的艺术个性和修养。期望通过本次活动的开始，为云南省美术的繁荣发展注入活力，为讴歌时代留下历史的印记。云南的美术事业，其气势，会更加博大精深，格局新颖高雅。期望未来，艺术家以线条、色彩、浓淡和虚实，表现云南最美的山水，人文。让视

觉最美的艺术向省外展示，向国际展示。

目前，昭阳大地的画家群已进入了一个繁荣发展的时期，一定能够创作出社会满意、群众喜闻乐见的佳作。

摄影也形成了一道非常亮丽的风景。昭阳区自2005年摄影家协会成立以后，开展了丰富多彩的活动，摄影图片涉及自然风光、人文、建筑、历史和现代。主办过多场展览，全国性的摄影大赛取得了丰硕的成果。

昭阳区摄影家协会积极而为，不断地创新工作，不断地壮大队伍，不断地提高水平。2006年在昆明举办了面向全国的风光风情摄影大赛展览，直接促进了大山包以及黑颈鹤名片的形成，并使昭阳区正式被授牌为"中国黑颈鹤之乡"。2008年3月，成功举办中国黑颈鹤之乡大山包国际摄影节，产生了极大的影响。之后，每年都举办摄影大赛和展览，组织会员团队到国内外采风创作交流，有效地促进了摄影观念的转变和整体水平的提升。2013年春节还组织了会员作品到台北举办昭阳区风光风情摄影展。连续举办四届旅游摄影大赛，在承担摄影记录历史的同时，扩大了昭阳区的宣传力度和美誉度，较多作者入选全国重大的摄影专业展览和摄影节，获奖人数也逐步增多，形成了一个强大的摄影团队，可以算为全省最大的县区级摄影群体之一。

每个艺术门类，承接了历史以来一直存在的"其民好学"风气。艺术组成了文化，文化见证了时光的沧桑，同时也彰显着壮丽的未来。

古城，是蒙尘的珠宝，拂去灰尘，就会绽放出耀眼的光芒。当人们的目光再一次摩挲这沧桑的古城时，心里涌起的，会是一种怎样的感慨？昭阳，作为一个特殊地理位置的地方，无论是历史、现在还是未来，无论是闭塞还是发展、繁荣。路的连接，通向外面和远方，也是重要的一环。

雍正年间的改土归流，以血腥的大屠杀而宣告结束。暴风骤

毛货街清真古寺

雨之后，人丁骤减，举目萧疏，原来繁荣一时的乌蒙土城已经变为一片废墟。官府不得已而"无论汉、回、夷、苗，概为招抚"，又从曲靖等地大量移民以作垦殖。雍正九年（1731年），鄂尔泰与云南巡抚张允随"题请动帑，特委任昭通知府徐德裕，以广南知府陈克复协办，相度地形，于龙山之阳二木那始修新城焉"。

历雍正、乾隆、嘉庆的百年间，地方官吏都采取了一些安定社会和发展生产的积极措施，使昭通的社会经济有了很大的发展。随着地方官吏招抚百姓、发展农桑，特别是朝廷为弥补亏空、充实国库，对矿业开发采取了一系列极为宽松的政策，昭通乐马厂、金沙厂等银矿山鼎盛一时，东川矿外运京铜多经由昭通转至永宁、宜宾，也极大地推动了水陆交通、集镇建设。昭通逐步发展成为滇川黔毗邻地区最为繁华的工商业城市。至乾隆中期，昭通府城已成为滇东北第一等繁华都市。城区有街巷36条，纵横交错，闾里井然。命名也非常有趣，具有浓郁的文化气息，充分体现了昭通深厚的文化底蕴。大体分为四类：一是反映百姓生计。如草市街、炭市街、毡匠街、铁匠街、毛货街、棺材铺街、大马房街、杀猪巷、打猎巷等。二是注重启发民智。如怀远街、文渊街、启文街、崇义街、达智街、博济街、

改造后的昭通古城北门趣马门牌坊

集贤街等。三是表达良好祝愿。如大升街、丰乐街、日升街、宁尔街、金汤街、福禄街等。四是因形赋名。如索头巷、鸡舌头街等。城周围的交通设施建设也有了长足进步，修建了太平桥、迎风桥、乐善桥、容津桥、凤凰桥等23座，耕夫农妇、引车卖浆者再无沟壑难徙之累。作为与外地交通的干线，已完成通四川大道（中、东、西）三条，通贵州大道两条，通省大道一条。昭通再度成为滇川黔三省接合部之重镇。"当其盛时，四城皆有当铺及毛货店，均系陕人。在乾隆中，乐马厂大旺，湖广人相率而来，不知凡几。右江人贩运布匹，设号贸易者尤多，远及闽粤之人亦闻风蚁附。"据有关史料记载，到1950年前后，昭通古城的建设规模已十分宏大。当时的古城城区面积为0.67平方公里，主要街道为平均宽4米的铺石路面，房屋建筑面积为56.4万平方米，主要是清代建筑。当时四门皆有城楼，其间连着城墙。至20世纪50年代初，东、南、北三座城楼及相连城墙先后被拆除，墙基建成今天的南顺城、北顺城、建设南路、建设北路四条大街。西城楼位于今陡街与南北顺城街交汇处，土木结构建筑，外砌以砖，三层楼宇，高二十余米。回廊飞椽精雕细刻，刁斗风铃，琉璃金瓦，朱漆栋柱，橙色墙体，巍

❶ 原昭通古城墙
❷ 原昭通古城内的八角亭

修缮后的过街楼

然稳坐，气势恢宏。每逢年节，楼头张灯结彩，墙体纤尘不染，从辕门口望去，祥光四射，瑞气纷呈，古朴中显出雄奇，典雅里透着豪壮。楼下商贾云集，商品如山，人群如蚁。

城墙用大块的青砖砌就，颜色青中带白，黑里透灰，如同一本厚得无从读起的书，给人一种粗犷、沉稳的意境。墙体很宽阔，城门就成了一个洞，人们叫它"城门洞"。城门洞是一个很复杂的地方，不管是达官显贵、富商士子，还是众多的引车卖浆者都必须走过这里。许多讨口要饭的叫花子也集中于此，舍弃脸面，讨得生活。

在此后的很多年里，昭通古城一直维持着清代、民国建筑状貌。后来，时势变迁，昭通古城经过多次拆毁，一座现代化城市从古老的楼群中脱颖而出。"纵横交错，闾里井然"的旧时景象已难觅其踪了。

回到古城的中心，不得不说辕门口。它是昭阳古城的制高点，翘角的瓦屋，茵茵的绿树，这里曾经是总兵衙门，建筑规模非常宏大。从辕门口直至东门一片，有辕门、大堂、箭道、花厅及紫云亭、来鹤楼等楼亭、水池、湖石和花园。

一百多年之后，出生于农家的彝族汉子龙云，成功地走出自己的发祥之地，成为雄踞一方的"云南王"。地方官在辕门口修了一条向东伸展的街道，名为"云兴街"。这条街建筑别致，很有特色，是中国为数不多的几条典范的"过街楼"之一。重庆、上海和广州至今都还保留着它的克隆版本。街两旁均是土木结构的楼房，木多而土少，看起来更像是纯粹用木柱、木方和木板精心建造成的两排精致的小木楼。房屋多为两层，楼上人居，楼下作为商铺。楼上有雕花的窗子，衬以月白色的薄纱，清风徐来，

影影绰绰，暗香浮动。楼下的门窗也是古色古香，门外更有一围矮矮的木栅，可以随意开关，谓为"栅门"。栅门与店铺之间，或栽一两棵蜡梅，或植两三兜细竹，细风摇曳，绿影婆娑。或置一壶清茶，摆半架古玩；或盘几堆干货，摇一柄蒲扇。优哉游哉，既谋了生计，又舒服了日子。栅门之外，就是人行道了。人行道不是露天的，而是一个长长的走廊，走廊边有一长排的廊柱，风雨天气，人们在走廊的廊柱下照样做生意。整条街道的窗棂廊柱上都雕有很美的花纹，仿佛一幅明丽灿烂的油画，随着光影的变化，一天中又有十分强烈的明暗对比，形成丰富的色彩变幻。

在辕门口附近，是姜亮夫先生故居，由两个门面和一个院子组成。这里古柏森森，一亭翼然，建筑质朴古雅，室内书香弥漫，院内书声琅琅，文脉相传。顺着往下，走还远街过去，便是全国著名的汉碑之一孟孝琚碑，和考证古代先民生活难得的文物实证霍承嗣墓壁画的所在地。

古城制高点辕门口有一个小广场，广场正中是一组名为"出

姜亮夫故居

征"的雕塑，2011年12月为纪念昭通抗日英烈而建。雕塑高6米，用材为花岗岩，雕塑正面基座的大理石上，刻着"共赴国难"四个烫金大字。其余三面刻了11个县区参加国民革命军六十军的昭通籍阵亡将士名字。

从雕塑的画面上，可以看到在这誓师出征抗日的时刻，将士们昂首扛枪，气壮山河。有新婚三天的夫妇，难舍难分、依依不舍地话别；还有百里外赶来的老大妈给独生子捎来了寒衣。在国家最艰难困苦的时期，昭通人民爱国热情空前高涨，军民一体，共赴国难，男女青年，争上前线。中国经历了著名的"七七事变"以后，便处于抗战最艰苦的时期。为了祖国，为了抗日，1937年9月9日，原国民革命军六十军一八二师昭通籍将士们在辕门口举行了远赴台儿庄的出征仪式。昭通各族人民齐聚辕门口及元宝山的路上，挥泪送别。

在这座雕塑面前，人们会永远记住，历史的硝烟尚未散去，民族的悲伤还在留存，抗日的炮火轰然作响。1937年7月7日，抗日战争全面爆发，"滇军"奉命参战，8月，滇军主力被编为"中国革命军第六十军"，以卢汉为军长，下辖3

古城的心脏辕门口，重新焕发生机

个师（一八二、一八三、一八四师），分别以安恩溥、高荫槐、张冲为师长，约4万人。10月初，部队随即出发，经曲靖、平彝、盘县、安顺、贵阳、镇远、玉屏、晃县、沅陵、常德，长途跋涉四千余里，步行四十余日，到达湖南长沙，然后奉命开赴前线，保卫南京。

　　部队尚在途中，南京即告沦陷，乃返回武汉待命。滇军武器精良、军容整齐、军纪较好，在当时国民党部队中是比较突出的。杜聿明曾说，抗日战争时我曾遇到云南部队，觉得"中央军"同这支"云南军"比较起来，"军容上似有逊色"。六十军到武汉时，蒋介石又命这支军容整齐、士气旺盛的军队，绕闹市一周，以示中国尚有如此训练有素的军队可投入战斗，以安定民心。此时，"滇军素质已成中国之冠"。滇军在武汉游行时，美国顾问观看后，曾惊奇地对蒋介石说："卢汉率领的滇军是你们中国的骄傲，最有力的部队。"

1938年4月，日军为打通津浦线，攻占战略要地徐州，调集最精锐的板垣师团、土肥原师团共约20万军队，从正北一线直扑台儿庄。蒋介石调集40万大军云集徐州，布防正北一线，试图与日本决战，战线西起微山湖，东至郯城，绵延30公里。然而，用兵神速的日军却乘国民党军尚未调齐，便向南推进到台儿庄东北四户镇、兰城店一线，守军汤恩伯、孙连仲部节节败退，阵地吃紧。慌忙之中，蒋介石急调正在武汉整训的滇军六十军昼夜兼程赶往徐州。滇军就在这个危急时刻奔赴徐州战场，归第二集团军总司令孙连仲指挥。孙连仲命滇军务必于4月24日以前，集结在大运河北岸的邢家楼、陶沟桥、蒲汪、东庄地区的部队，作为第二线部队待命。22日凌晨，列车把六十军沿临枣支线陆续运抵大运河南岸，一八二师已经过河，一八三师也大半渡过河，而作为后卫的一八四师也正向这里运动，数万滇军将士只以为是向前线集结，他们谁也没有料到，这个神秘而幽静的清晨正隐伏着无限杀机。原来，早在21日，当防守左翼的汤恩伯获悉六十军在他的第二线集结，便连夜撤去前线人马，于学忠部见汤军撤防，害怕被日军分割包围，赶快向西收缩右翼，从而在滇军正面形成一个大缺口。拂晓时分，日军潮水般地涌向缺口，而此时滇军却浑然不觉，重机枪还驮在马背上。由于毫无准备，突然降临的战斗，使毫无准备的滇军猝然与敌遭遇，许多战士连鬼子的模样都没看清楚，便做梦般永远躺在了鲁南平原上。尹国华营长率全营官兵与从四面攻

国民革命军昭通部队奔赴抗日前线前在元宝山接受检阅

入的日军激战，双方反复肉搏，战士们冒死勇攀坦克，怀抱集束手榴弹滚到坦克下与敌人同归于尽，就连素以武士道精神著称的日军也为之胆寒，他们在日记中写道："今日遭到了蛮子军的顽强抵抗！"尹国华全营500余名官兵仅剩士兵陈明亮一人生还。由于尹国华营阻止了敌军，给全军赢得了备战时间，一八三师陈钟书旅抢占了邢家楼、五圣堂，一八三师、一八四师得以在集结地构筑工事，做好战斗部署。

　　鲁南台儿庄会战，滇军用血肉之躯抗击了敌人凶猛的进攻，前面的打光了，后面的又勇敢地冲上去。滇军中没有人因胆小而退却，也没有人因怕死而逃跑，只有战死。阵亡的第一八三师旅长陈钟书，在军中素有勇将之名，此次出征，就常对战友们说："数十年来，日本人欺我太甚，这次外出抗日，已对家中做过安排，誓以必死决心报答国家。"严家训团连长黄人钦，在凤凰桥战斗中阵亡，在他身上发现一封致新婚妻子的遗书，其中写道："倭寇深入国土，民族危在旦夕，身为军人，义当报国。万一不幸，希汝另嫁，幸勿自误。"台儿庄战役中，一八二师

老城街瓦

❶ 182师战斗在台儿庄战场

❷ 滇军开赴抗日前线途中

董文英团长战死，龙云阶团长战死，杨炳膨团长负伤，陈洁如团长战死；一八三师严家训团长战死，莫肇衡团长身负重伤后，在送往后方途中，坚决不过大运河，并以血衣蘸血在道旁石上书写："壮志未酬身先死，长使英雄泪满襟。"之后，含怒怀恨死去！在台儿庄外围，日寇与我军激战20余日，始终未能得手，日本报纸惊呼："自'九一八'与华军开战以来，遇到滇军这样猛烈冲锋，置生命于不顾，实为罕见。"蒋介石也不得不佩服滇军，致电六十军军长卢汉："贵部英勇奋斗，嘉慰良深……盼鼓舞所部，继续努力，压倒倭寇，以示国威。"5月初，日寇改变部署，从鲁西和苏皖北部迂回，包围徐州，一时间我徐州地区云集的数十万大军，有被日军吃掉的危险。面对突然改变的战场局势，最高统帅部急令滇军火速退守徐州，以掩护数十万大军向西南撤退。5月20日，徐州沦陷，六十军一路突围，辗转到达武汉。在台儿庄血战中，六十军自身则伤亡过半，官兵由4万余人锐减至2万余人，12个团仅剩5个团。

八年抗战，滇军经历重大战役20余个，伤亡官兵共计10余万人，昭通籍阵亡将士中，能数名道姓者就达3300多人，一八二师昭通籍将士为抗日救亡谱写了可歌可泣的光辉篇章。

在辕门口的西面，是陡街。因街道建在陡坡上而得名。在民国

辕门口全景图

时期，陡街的建筑，多为两三层土木结构。门面为圆拱式法式建筑，有欧式装饰图案，街面由青石条镶嵌而成。在东面，是云兴街。有着悠远的往事、淡淡的乡愁，还寄托着重振云南的繁荣、兴盛的愿望。修建于民国二十四年（1935年）间，龙云、卢汉在这里分别建成了一楼一底的西式过街楼，北边是龙云的，南边是卢汉的。南面，是怀远街。在这条街上，曾经有民国时期的剧院。远至上海、武汉、成都、昆明等地的京剧名角，随着抗战的隆隆炮声纷纷涌入昭通，生旦净丑末，样样不缺，不少名角在全国都享有盛誉。以至于从中华人民共和国成立前到中华人民共和国成立后，直至"文革"时期，昭通都是云南的京剧重镇。同时，怀远街也是昭通的一个商业重地。经营绸缎等商品的商家货物充足，品种繁多。北面，是北正街。它是一条民俗街，在春节即将到来之时，各种生活所需品，如年画、脸谱、烟火爆竹，及各种手工制作的玩具，甚至中草药，都可在这条街上买到。

古城的街，名字直白又有意义。南北顺城街，是顺着城墙根儿的一条街，因其南北向，故称南北顺城街。也许是得地利之便，顺城街在过去多为马店。所谓南方丝绸之道——五尺道的枢纽，丝绸路上的商贸重镇，云南的北大门。"搬不完的昭通，填不满的叙府。"便是如此。当时，五尺道上的商贸，基本上靠马帮和人背，马帮是漫长岁月里五尺道的重要交通工具。"鸡声茅店夜，板桥人迹霜。"马帮晓起晨宿，爬高山，涉深涧，十分辛苦。马帮的路程和住宿，大体是有规律的。这里便成了马帮的起点站、中转站和终点站，大量的货物都要从这里运走和输入。顺城街的客马店生意自然十分兴隆，马蹄声碎，驼铃清脆，每天都热闹非常。随之兴起的，有各种各样的小馆子，有

摆在街上的各种各样的小吃食，当然还有为马帮服务的营生，如卖草鞋的，草鞋有细谷草打的，有细布条做的，麻耳、鞋头上还缀一个小小的红绒绣球，十分精致，十分漂亮，以至著名作家艾芜在此捎带几双到昆明，穷愁潦倒之际大喊"卖昭通草鞋"，居然还赚了钱。为马帮营生的还有马笼头、铜铃、马鞍子、马蹬、马皮挑、马掌、马钉等等，一个大大的摊子上五花八门、林林总总，凡是和马帮沾边的东西都有卖，夜里，灯光绰绰，人声鼎沸，十分热闹。

❶ 20世纪80年代中期航拍的昭通城

❷ 昭通建国街

另外一条叫挑水巷的街子，巷虽小，却声名显赫。历史在青石板上凝固，岁月在青砖门楼里流逝，文化却在这里悄然传播。民国乃至中华人民共和国成立后一段时期，昭通人的饮水都靠从大龙洞引来的水。大龙洞的水经过官沟流进城，在原来顺城街与崇义街中间的位置，有一个巨大的长方形的石砌水池。全城的人都在这里挑水以维持生活。由此，一些穷苦的人就在这里取水挑去卖，出现了以挑水卖为生的专门职业。挑水巷是进入城中心的必经之地，巷里，挑水的人常常是络绎不绝。由此，这条巷便叫成了挑水巷。这条巷子很特别，古玩铺较多，它不仅收藏古玩，也收藏沧桑风雨。更有意思的是，这里的一张小桌、一沓稿纸、一瓶墨水、一支笔就是一种人生。他们大多是一些老先生，多半上过私塾，有文化，就坐在挑水巷墙角屋边以写信、写诉状之类为营生。

　　一座城，一个故事。一个人，一种生活。无论时光、故事、人物，过去后，都会积淀，积淀成一种文化。所谓古城，不就是在久远的时光中，有着繁华、荒凉，但它依然承载了下来嘛！

❶ 晨辉
❷ 挑水巷

第二章
岁月随风芳华沉淀

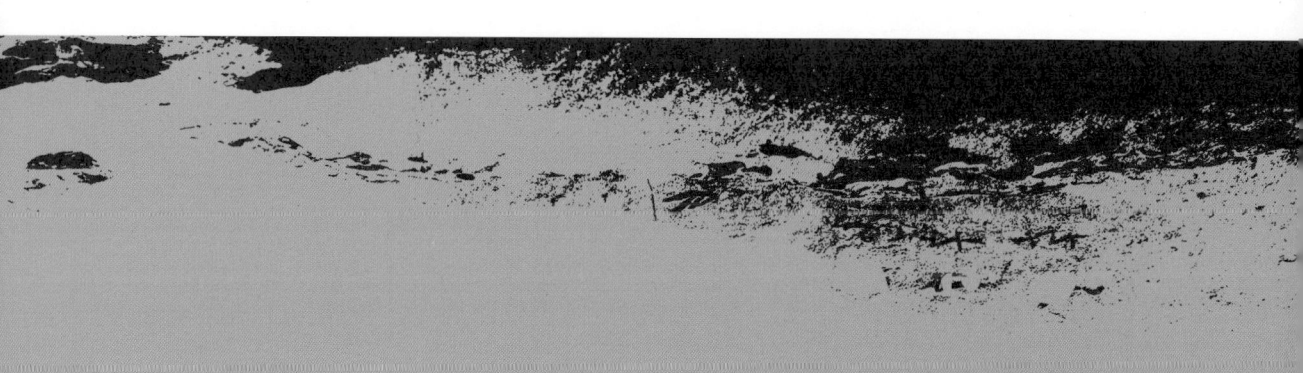

　　高天厚土,掩藏了多少秘密。岁月随风,又有多少芳华沉淀。在人类的长河里,人们到底能记住一些什么?曾经有过的苦,时间酿就的甜?谁能知道当初的先人怎样在广袤的原野里匍匐、挣扎和奔跑?谁能想象曾经的第一缕炊烟,怎样扭曲着身子漫过纯洁的蓝天?时代远去,人也远去。但是,它进入了大地的身体,在历史的典藏里,永远记录着一个时代的背景。无论人与物,在记忆的舌尖与指尖,岁月静好,浪花淘尽英雄!唯有清风明月,唯有山川大地,成为永不泯灭的灵魂。

文物佐证斯文在兹

> 勤劳的昭通先民创造了辉煌灿烂的历史文化,留下了大量的珍贵历史文物,同时也传承下了非物质文化遗产。彰显着这个地方的文明史,说到底还是文化的成就。

数不清的花开花落,重复着今天和明天。人们到底能记住岁月的一些什么?曾经有过的苦,时间酿就的甜?人生不过就是一个瞬间。2009年在昭阳区太平办事处水塘坝发现的那三头大象化石,在厚厚的褐煤和泥土里一站就是六百万年。让人们的想象从纷扰的当下和钢筋水泥的坚硬中,陡然拉长到了连想象也难以企及的遥远。两只大象和一只小象,它们是一家吗?

是的,头朝东方,是不是朝霞的艳丽吸引了它们好奇的目光?然而灾难在猝不及防的时候发生了,瞬间变成永恒……而与大象在一起的头盖骨和1982年在过山洞发现的那颗牙齿,两者都是人身上最硬的东西,成为石头或许是它们的宿命和荣耀。它们是否赋予了这块土地特殊的硬度?谁能知道当初的先人怎样在广袤的原野里匍匐、挣扎和奔跑?谁能想象曾经的第一缕炊烟,怎样扭曲着身子漫过纯洁的蓝天?

勤劳的昭通先民创造了辉煌灿烂的历史文化,留下了大量的珍贵历史文物。文家堖包墓葬群、张家营墓葬群、营盘村墓葬群、白沙地梁子墓群、白泥井墓群、李家湾墓群、霍承嗣墓、象鼻岭古墓

群、小湾子墓群等汉墓的发现,以及剑、戈、陶器、铜器、摇钱树、五铢钱、壁画、墓碑等的出土,重现了盛极一时的"朱提文化"。众多光芒四射的文物不可胜数,让人始终在敬畏又深深思索。石器,主要在北闸过山洞、洒渔巡龙野猫洞、黑泥地五甲围等地出土。包括石锛、石斧、石网坠、刮削器等。其中有肩石锛、石斧,造型有如现在的斧,有肩有刃,石质较硬,打磨光滑。

巫师陶俑,国家一级保护文物,造型奇特,似戴有角冠、獠牙面具,长舌至腹。右手执牛肩胛骨,左手执蛇。冠中似有一镜,后臂部有一凸条似尾。让人一看,就心生恐惧,或许这正是面具的魔力所在吧。武士俑,右手执剑,左手执盾,以攻为守,寓守于攻,一看就是骁勇善战之士。

人鹿铜座,座长21厘米、高10.2厘米,造型玲珑可爱。鹿首高昂,鹿身平伏,鹿尾短而上翘,鹿身满饰

❶ 陶俑巫师
❷ 骑鹿陶俑

三联子母印

剔刺纹并镌梅花瓣纹样。头上有一对长耳和树枝似的犄角。骑者裸身，粗眉巨眼，额部凸出，高鼻阔口，大耳，顶部有一銎，似作插物之用，上面像是灯盘或摇钱树之类。右腿曲膝踏于鹿背，右手弯曲托于膝盖，手掌平伸做招示状，似与鹿耳语。左手折弓撑于腰部，左腿弯曲内向盘坐于鹿背。从整体看，是鹿背一人，卧歇青坪，昂首远视，怡然自得。让人不由想起唐人杜牧"骑牛远远过前村，短笛横吹隔垄闻。多少长安名利客，机关算尽不如君"的诗句来。只不过，唐诗写的是少年，这儿骑鹿的是壮汉，且比骑牛多了几多仙风道骨的灵气。

汉三联子母印，1972年夏在昭通市东郊二坪寨汪家梁堆出土。印为合金青铜质，系大、中、小三个互相联套成一个整体的子母印。第一印，上端有立体狻猊印纽，雕刻极为精致。阴刻白文篆书4字"孟琴之印"；第二印，上端仍为立体狻猊形纽，套在第一印左侧的抽屉形缺口处，印纽狻猊之头紧靠第一印大狻猊纽的下唇间，后腿向外，做掉头回顾状，透漏刊空，至为精巧，印底正方形，阴刻白文篆书2字"孟琴"；第三印，上端为立体龟形纽，从第二印狻猊后两腿间缺口处套入——龟纽的后腿必先嵌入，头部后入，这样恰好与第二印狻猊形纽的臀部齐。印底长方形，阴刻白文篆书2字"伯称"，这是孟琴的字。姓名和字如此考究，充分

出土的摇钱树残片

说明印章的主人身份特殊，地位显赫。据《三国志》《华阳国志·南中志》等史籍记载，孟氏为南中大姓之一，家族宦绩显著者有辅汉将军孟琰，御使中丞孟获等等。"孟琴之印"的出土，是孟氏作为"南中大姓"的又一确证，对于研究云南古代民族史有着极其重要的意义。铜印镌刻风格、制作工艺也说明当时南中与中原文化联系紧密，充分展示了南中各族人民的聪明才智和较高的手工艺水平。

摇钱树，目前国内已见诸报端出土的摇钱树在一百株左右，而民国年间至今，昭通坝子共出土摇钱树十余株，至今仍保存有六株摇钱树残片、三个摇钱树树座。其中，以1937年云南昭通县曹家老包所出土的红砂石摇钱树座最弥足珍贵。该树座为覆斗形，高19.5厘米，宽27.5厘米，顶凿有一孔，三面刻有龟、蛇、鹤、凤，造型极为精美。一面刻有"建初七年三月戊子造"，时为84年，东汉章帝时期，这也是迄今所知最早的一株摇钱树。2004年11月27日，著名作家蒋子龙、白桦、白描在昭通参观时，均对此赞不绝口，称其几乎可以和三星堆出土的摇钱树媲美。作为迄今发现的第一株摇钱树，其艺术价值和历史价值自然不言而喻。

铜洗，历代著录汉洗200余器，其中署"朱提""堂琅"或两者并署者54器。容庚《汉金石录》所辑汉洗176器，有铭文的"朱提""堂琅"占了50%以上。年代最早的当数"建初元年朱提堂琅造"铜洗，铸造于76年，为东汉章帝时物品。最晚的为双鹭花纹的"建宁四年堂琅造"洗，为171年东汉灵帝时物品。朱提堂琅铜洗绝大部分产生于这近百年的时间内，中经东汉章帝、和帝、殇帝、安帝、顺帝、冲帝、质帝、桓帝、灵帝九朝。

建初八年洗，1935年10月，昭通市（现昭阳区）洒渔河邓家山后坡一于姓农民犁地时发现，后被昭通著名学者、考古学家张希鲁先生购得，同时出土大小两器。小的高四寸九分，

深四寸六分,口径一尺,腹围两尺九寸两分,重一百五十一两。形如盂,底内有双钱花纹,中间有铭文一行"建初八年朱提造"八字,篆书,阳文。较大的一器,形如罂,附两耳,高九寸,深八寸八分,口径一尺三分,腹围两尺七寸,重两百四十两,底内有双鱼夹一虫花纹,无款识,称为"虫鱼器"。

清光绪二十七年(1901年)五月的一天傍晚,昭通城东南乡杨家冲马家湾农民马宗祥又像往日一样,到附近的梁堆挑取修筑围墙用的泥土。不经意间,就从梁堆的覆土下挖出了一方残损的石碑来。石碑字迹清晰可辨,可惜马宗祥连扁担大的字都不识,就把这块石碑搬到一边放着,准备过两天拿去做檐坎石。恰好马宗祥的表弟马正卫来到他家,马正卫在城里读书,就把这个消息告诉了自己的先生胡国桢。胡先生对这件事很关心,但由于全省的乡试在即,他不敢耽误行程,就详细地问了一些细节,又用书帖描摹了一张碑式图与马正卫讨论。最后,嘱咐马正卫转告马宗祥,一定要妥善地把石碑保存好,等他参加完乡试再来细看。九月,铩羽而归的胡国桢回到昭通后,立即去拜望蛰居乡里的老翰林谢崇基,又向他转述

孟孝琚碑亭

了发现残碑的事,谢翰林一听便坐不住,立即拉起胡国桢就往现场赶去。石碑已被马宗祥移到了天井里,碑身在出土时早就断失了碑首一截。残碑高140厘米、宽96厘米、厚约8.3厘米。碑文为直式,右起左行,遗文14行,中间空脱一行,共存字260个。碑文体例,起首为散文系辞,承接以四言铭辞和七言赞辞,最后为立碑人列名,字体为汉隶,书法苍劲,文辞雅训,浑朴古茂。碑下脚完整,刻有龟蛇,碑棱有浮雕龙虎残画,虽然因碑首断失,碑文缺失一时难以确定立碑年代,但从碑式、书法及镌刻风格上看,可以确认为汉碑。但是,谢翰林仍不甘心,又从村子里请来十多个农民,在碑石出土的地方,掘地三尺,悉心搜寻碑首。最终,仍然没有下落,只好带着失望和无奈将石碑用牛车运回城中,在凤池书院藏书楼下东壁另辟一室保存起来。

残碑刚一出土,便引得海内外硕学名儒如杨守敬、罗振玉、梁启超、陈荣昌、袁嘉谷、王仁俊、黄膺、赵藩、方树梅、袁丕钧、袁丕佑、李根源、吴其昌、由云龙、方国瑜等为之魂牵梦萦,倾注了极大的热情。据考证,碑铭讲述的是一个惨恻凄婉的故事。一位姓孟名广,字广宗的少年,4岁丧母,12岁随任武阳令的父亲到武阳任上读书。他博览群书,"习韩诗兼通孝经二卷";他希望自己的品德像玉石一样坚贞美好,于是改名为琼,字孝琚。父亲深爱儿子的敦厚仁慈,替他婚聘了蜀郡何彦珍的女儿,可惜还未完婚他就过早地病逝了。永寿三年(157年)十月癸卯那一天,把他的棺木从祖坟西面暂时停放的地方取出来,在十一月乙卯那一天安葬并立了碑。不幸呀!资质如此美好的一个青年就这样过早地告别了人世,对他的无限情爱,使活着的亲人心里充满悲痛,无以言说,只好在碑石上刊辞以为纪念。天命不永,世事无常,故事主人公的不幸遭遇令人扼腕叹息,但生老病死却是无法回避的自然规律。墓主去世的永寿年间,东汉已经到了风雨飘摇万木萧瑟的

地步，铭文的撰写者可能是一个历经坎坷、内心十分敏感的人。于是，站在风雨如晦的时代背景下，以眼前事"借题抒愤，为当代经师宿儒、无辜罹难者一哭"。

孟碑的发现，为研究文风、书风的交替，以及云南文化与中原文化的关系，提供了重要的实物证据。著名书法家陈孝宁对孟碑的研究有精深的见解：生死诀别，发为文字，其声哀，其情郁；见之书法，其笔涩、其力沉；形之结体，欲纵还敛，庄严肃穆中躁动着困惑与不安。孟孝琚碑的时代已经过去一千八百余年，今天我们摩掌苍老剥落的碑面，仍能叩响历史沉郁的回声。碑文中的19首古诗，用平实的文句，抒写着深挚的感情。它是汉隶中古、朴、茂的代表之作，把它和前它八年的《石门颂》、前它一年的《礼器碑》相比，也毫不逊色。固然，它没有《石门颂》奔放，缺少西部的劲犷，也没有《礼器碑》的典雅，少一点圣人之乡的钟鼓礼乐之气。然而，《石门颂》缺少它的蕴藉，《礼器碑》缺少它的朴茂。昆明大观楼长联的书写者，著名学者、书法家赵藩在跋孟碑拓片时称："文辞与书法皆东汉人矩度""结体方正，笔意圆劲，浑朴在篆隶间……乃古汉碑第一，岂独滇南瑰宝，亦寰宇之稀世奇珍也。"方树梅展读拓片，情不自禁，一唱三叹："是碑隶法圆浑、铭词博大，决为当代老经师手笔……为海内汉碑第一，金石家无不肃然起敬。"

在昭阳出土的还有另一件瑰宝，其价值不在孟碑之下。它的发现极其偶然，1963年3月5日，昭通城西北郊后海子中寨村砖瓦厂的工人和以往一样，一上班就到就近的一座梁堆上取土，当他们汗流满面地挑走一担又一担泥土的时候，他们被一下子惊呆了，原来，这个梁堆的覆土下面是一座古墓——就这样，东晋霍承嗣壁画墓得以重见天日。消息惊天动地，《云南日报》《光明日报》《今日新闻》等媒体相继做了报道。1965年11月，有关部门决定将晋墓迁移，复原安置于凤池书院也就是后来的昭通市实验中学内。1981年建永久性保护室，题名"东晋霍氏壁画墓室"。2006年12月，

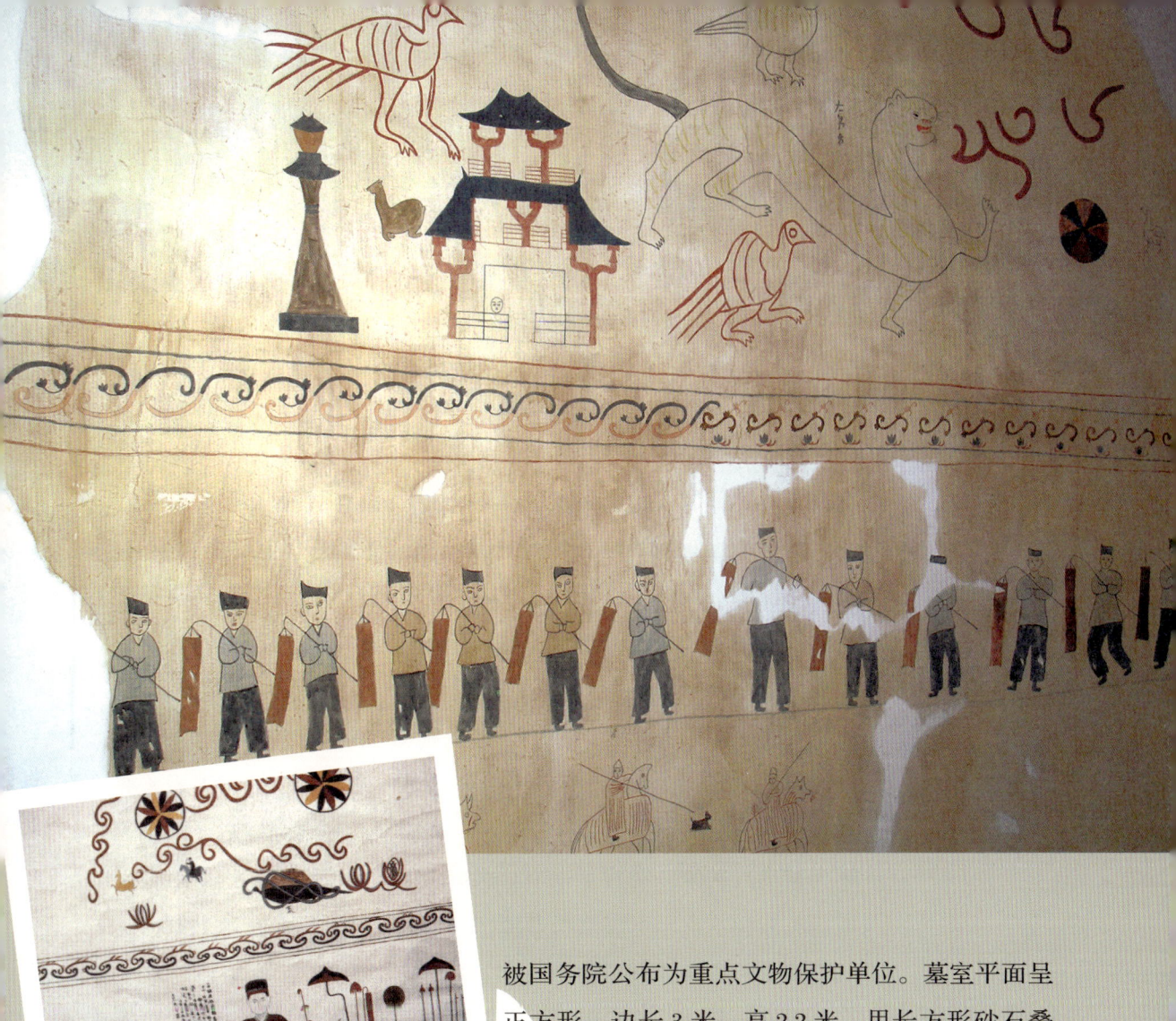

昭通东晋霍承嗣壁画

被国务院公布为重点文物保护单位。墓室平面呈正方形，边长3米，高2.2米，用长方形砂石叠砌而成，墓顶呈覆斗状。墓室顶部与四壁抹有2厘米厚的石灰，上面绘有彩色壁画，多处分别有隶、楷、行3种书体的题款。四周的壁画，又分上下两层，中间以带形图案为界，下层画面多反映现实，上层则多为神话，系用朱、黄、褚、黑等色绘成，画风虽古朴，但技法粗糙，应为一般民间艺人的作品。

墓室正面（北壁）是壁画的重点，上层上部绘流云、花瓣，下部画一骑马猎獐的情景，另有莲花初开和龟蛇缠斗的玄武图案。下层正中绘墓主人霍承嗣像，高48厘米，盘足端坐，朱唇稀

须，头戴平顶黑帽，身着圆领长袍，右手执麈尾。墓主人像后面有5名亲信侍从；右后方仪仗架上插有矛、戟、华盖、睡帜等物，架前左方对称部位各画7名家丁侍立；左上方有8行墨书题记，记叙主人的官职、籍贯、岁数以及迁葬情况。墓室东壁上层绘有朱雀、白虎、楼阁、流云，下层绘有13名持幡武士，另绘有骑马执矛武士5人，骑士及马都着铠甲，有犬奔跑于其间。墓室西壁上层绘有青龙，龙前有1女，左手执草，傍题"玉女以草授龙"，龙后有鸟、兽、楼阁，与东壁对称。下层绘有墓主人的私人武装部曲。第一列为汉族部曲，共13人，每人手执环首刀；第二、三列为夷人（彝族先民），共27人，头梳"天菩萨"，身披毛毡，赤裸双足；第四列为骑马武士像，现残存4个。墓室南壁即墓门横额，上层绘有朱雀、流云和花卉，下层绘长形屋舍，屋檐上挑，屋旁有1名披甲执戈的武士，名为"中间侯"，似为墓主守门。

霍承嗣墓壁画的发现，补史之缺，为研究蜀汉迄至两晋"南中大姓"的历史提供了更充分的资料。

霍承嗣墓壁画，生动、形象地表现了霍承嗣的威仪和军府森严壁垒的情景。为"南中大姓""彝汉部曲"的生活留下了具象、生动的写实画面，这是海内现存晋代壁画中所仅见的，为研究云南古代民族史提供了极为珍贵的资料。而壁画所透露的民俗学、社会学方面的信息，无疑也是值得珍惜并深入研究的历史文化遗产。著名学者方树梅，在1963年10月《题晋霍彪墓室壁画》一文中写道："（东晋霍承嗣壁画墓）与中国各地汉、晋古墓并美，于史地、人物、风尚等表现于四壁者，其价值不在孟碑之下。"

皇天后土，稼穑五谷。春雨绸缪，秋收万粟。皇天后土，安我黎庶。伏惟尚飨，载歌载舞。地道坤，君子以厚德载物。水，空

昭通东晋霍承嗣壁画墓室

省级非遗彭家拳

气,粮食,像父亲一样养大泥土。谁能从泥土中辨出,人类自己的骨头?

无法逆抗的时间,让人们跟随它的节奏,构成这个世界。

其实,一个地方的文明史,说到底还是文化的成就。所谓文化,是一种文武的融汇。所谓武术,在古代,是一种战争的技术。所以兵器被称为武器,军事被称为武事,军备也被称为武备。所以,武,本意就是拿起武器奔跑,去战争,去杀伐。所以武术即为杀伐之术,也为战争之术,是拥有维护自身安全和权益的实力。随着社会的发展,武术,成为人们一种从身到心、由魂而魄得到提升而充满安全感,精壮神足,具有安然自胜的实力,并且形成了沉淀而成、安魂守魄的一种文化。

武术就是一种普遍现象,与生活在这里的人们不离不弃,或者说就是百姓生活中的一部分。可以说,昭阳也算是武术之乡。哪里有一个公园,或者哪里有一块适合练武的地块,每天一大早,那些地方都有习武的身影。从历史的角度看,在这里长期生活的人群,几乎都是祖辈上从北方或者南方迁徙过来的,而且这里在多元文化长期开放包容的融合过程中,自然沉淀下中华武术的烙印,于是,不管是北派还是南派,都在这里落地生根。由太极、八卦、形意衍生出各种武术拳种,至少有几十种,通过不同的方式就在这里保留了下来,成为民俗文化中的重要组成部分。

在昭阳区,武术被列为非遗项目。也就是说,它曾经在这块土地上,形成过一种气象、一种现象或者一种影响。然而,在之后,习武之人的范围逐渐缩小。对于这块土地上的武术,在昭阳区以邹家拳、彭家拳组合的清拳为代表。而出生于昭阳区的拳师彭勤,在云南武界也是一个侠义传说。他的传说故事和经历,在前面的人物书写中曾有过细说。这里简单叙述一点民间人们的美谈。他是一个不畏官权、施济穷人、慷慨授技、习武修身的人。由于在回乡后,各种行为与

他人不同，人们以为他疯了，给他取了个外号叫"彭疯疯"。据云南网的一篇报道《昭通两位武者的人生传奇》说，中国第一个武学博士、中国武协秘书长、中国武术分段位办公室主任康戈武，就是他的徒弟。

彭勤在武术上融各家之长，创编了十二连环手、十二连环拳、八大一掌劲、六字劲等武术套路和功法。彭家拳套路短小、结构严谨、招式激烈、动作多变。手法有表、搞、盘、挂、宰、刹、炮、冲、封闭、擒拿等，腿法有扫趟、弹腿等，步法以丁八步为主，谓之"丁不丁，八不八，吞吐浮沉有变化"。有一次李裕才在武术杂志上看到的八段锦，跟多年前彭勤教的一模一样，连口诀都一样。他很纳闷，不知道彭老师去哪里学的这些东西。这些是有过文字记载的，而在民间流传的是说他还会神眼功，每次都是在太阳当顶的时候，两眼视日，很长时间，眼睛眨都不眨一下。他就用眼睛的亮光与太阳光相互辉映。还有气功和轻功也了不起，气功吸收了少林精华，练到了十一步。轻功可以脚踩簸箕边缘和豆腐，行走如常。平地可以一跃而起跳上一丈多高的楼房，单手能举一百三十多斤的石墩。

彭家拳表演

厚重昭通

邹家拳创始人邹若衡（1879—1968），是昭阳区炎山人，师承太平天国翼王石达开将领万振坤。曾任唐继尧的侍卫副官，护国战争时期任蔡锷将军警卫副官。所创拳法短小精悍，拳路十分刚猛，以实战技击为主，其拳势刚劲、发力有声、步伐稳固。落地生根，招式磅礴，刚猛逼人。也在云南网记载过，当年邹家在昆明有八大弟子，沙家则有"十大强悍"，个个牛高马大、身强力壮，出拳发掌通臂开路。邹家和沙家结下梁子，一家想打一家。邹家拳有个踢场子的习惯，经常去踢沙家的场子，双方各有胜负。邹家名气大，有段时间昆明街头一有人打架，就被人问："是不是邹家拳的？"后来，彭家拳和邹家拳由康戈武正式命名为清拳，并且申报成非物质文化遗产。目标是作为全国的非物质文化遗产，把昭通清拳推向全省、全国。

同时，昭通清拳极具观赏性和表演性，其拳法简单易学、强身健体效果显著的特点，备受武术爱好者喜爱，在昭通广为流传。它融各家之长，首创了很多以实战为目的的招式，有一定的科学研究价值。在众多门生、弟子的传播下，昭通清拳走出这块土地，落脚中国的各个省份，在很多比赛中，获得众多奖项，为武术的发展留下了不可磨灭的功绩。

奔腾的金沙江

从昭阳八景说开

> 曾经,昭阳区就有着昭阳八景:"龙洞吸月""恩波蜃影""宝山环翠""凤岭飞霞""洒渔烟柳""珠泉涌碧""雨鬟公云"和"利济浮光"。

在中国的神话与传说中,龙是一种神异动物,其形象有多种,在阴阳宇宙观中代表阳,是中华民族的象征和古代王室的标志。华夏民族的先祖炎帝、黄帝,传说中和龙都有密切的关系。

曾经,昭阳区就有着昭阳八景:"龙洞吸月""恩波蜃影""宝山环翠""凤岭飞霞""洒渔烟柳""珠泉涌碧""雨鬟公云"和"利济浮光"。

所谓"龙洞吸月",源于大龙洞山。距城市北郊十余公里,层峦叠嶂,溪涧纵横,林泉幽深。山之西南麓,有一巨大的半敞式溶洞,洞高近百米,危崖突兀如篷盖,岩篷上倒悬石笋、石柱;洞深处,有暗河伏流,有泉水出露。据说,每年春分、秋分,值农历二月、八月中旬,当空皓月竟会倒映在溶洞深处岩篷遮蔽的水潭中,潭水辉映,构成天上一个月亮,水中一个月亮,岩篷上又映现一个月亮的奇观。龙洞潭底有一块岩石,名曰"犀牛",每逢中秋之夜,月映洞中泉,复照石壁之上,"犀牛"在月光照射之下,犹如抬起头来一般,有鼻有眼,形象逼真,清风袭来,松涛阵阵,凝目而视,三月同辉,人们称之为"龙潭映月",又名"龙洞吸月"。

旧时列为"昭阳之第一胜景"。景区占地420亩，峰岭秀丽，古树参天，素有"九箐十三峰"之称。曾有一个"摸石乞子"的传说，据《郡国志》记载："乞子石"在马湖南，岩东石腹中，流出小石，携石入怀中，古人乞子有验于此。大龙洞有"母石"，昭通古人常到大龙洞求子，他们把洞中的小石头称为"乞子石"。据说只要摸到"乞子石"的妇女就会怀孕，来年定会生儿子。

汉代后，道教传入昭通。清乾隆年间，在凿于西汉的大龙洞，兴建了大龙洞道观。大龙洞道观，地处九龙山上，远古时称乌蒙圣泉。据碑刻记载，清乾隆时，此地只有一个小祠，为民众上香火之处。咸丰年间有龙门派道士旷永耀来此居住，始改建为道观。光绪年间，住持吴元正又对道观进行了翻修扩建。之后周永清、戴宗诚两位道长先后住持该道观并有修缮。洞壁上有清代恩安县令汪人瑞题的"云霞蒸蔚，水远流长"摹刻。道教是中国的本土宗教，发源于民间。初期，道教的治

大龙洞出水口

大龙洞洞口

所和传道场所为洞、堂、舍、室、石屋等民间建筑，经魏、晋、南北朝时期的改造，接受儒家思想和佛教思想，转变为皇家道教之后，才有了建造宫观的待遇。唐、宋、金、元时期得到了充分的发展，宫观的建设也达到了极限。从大龙洞的建筑上，就突出展现了具有代表性的道教宫、观、殿、阁、庙等的择址、平面布局、空间构成、建筑形制、建筑造型、内外装修等建筑艺术的辉煌成就。

该道观现有殿堂两座，供奉张天师、真武大帝、吕洞宾、丘处机、药王、三官等神像。还有门楼及两侧厢房、住房共十间。山间、水上有凉亭、石舫。1990年被列为省级自然保护区。1982年，大龙洞道观被辟为公园开放。1983年，昭通市政府请四川青城山道士来此住持道观。

另外，"恩波蜃影"在城南郊5公里处，现

已在城市之中。建造于清乾隆二十五年（1760年）的古楼，人称"望海楼"。当时此地一片汪洋，楼的四周叠浪涌碧。云南总督爱星阿游览登楼，见沿闸柳树映日摇风，楼下水光潋滟，叠浪摇天，凤凰山和楼阁倒影参差，有蜃楼海市之风，遂更名并题额"恩波楼"，意为皇恩浩荡。咸丰年间，此楼被一场大火毁去，光绪末年杨履恒募巨资重建，并在楼前增设屋宅、回廊、亭子、花木，蔚为清秀。2001年，昭通市园林局动工按原样重建，使楼阁重展雄姿，仍名恩波楼。

在望海楼的背后，便是"凤岭飞霞"，因形似凤凰而得名。分南北二山，南山高，称大凤凰，北山低，称小凤凰。山上树林葱茏，春夏晨时常有云霞缭绕。每当云散雾霁，凤凰山顶云蒸霞蔚，颇为壮观。还有一个"雨公云鬟"，在雨公山与凤凰山相连处，即今之小凤凰山。云聚则雨，云散即晴，故名雨公山，是旧时昭城人众观阴晴之所在。这里的云彩常呈女子蓬松环绕的美丽头发，并在雨前雨后从山腰慢慢迁移，十分美丽，因此被誉为"雨公云鬟"。如今的小凤凰山，已不只是作为晴雨表著称的自然景观，因为此山上建有烈士

斜阳辉映望海楼

冬日望海楼

墓 137 座，下半部被扩为公墓。

城东南的"宝山环翠"，其形圆洁，风景秀丽。上有庙，农历三月上巳日为香市，3 日内游人络绎不绝。谢文翘咏之："两山排闼送，众绿满郊坰。列嶂松篁翠，连畦豆麦青。钟声穿桂院，契事胜兰亭。空藏兴拳石，仙乎在德馨。"民国二十一年（1932 年）建中山公园于其上，春秋佳日，绿柳蔽天，映日梳风，景色如画，军士、学生行游其间，异常热闹。

有一条南北走向、贯穿全境的河流，旧时该河河水清澈、波光粼粼，十分美丽，河水引上来后灌溉农田，滋润大地，历来被视为昭阳区人民的"母亲河"。河两岸柳树成荫、景色宜人。因风景优美，该景被文人学士们取名"利济浮光"，列为"昭阳八景"之一。民国年间利济河为昭通城主要饮用水源。如今已经过整修，在河边建造河滨公园，林木秀丽，空气清新，玲珑别致，成为城市一道美丽的风景线。

再远一点，距城西北 10 公里的旧圃老鸦岩对面昭鲁河北岸有一眼清澈见底、四季温暖的泉水，泉水由下涌出，碧泡银珠，累累上涌，滚滚翻花，似串串葡萄，故名葡泉，又称葡萄井、珍珠泉。井水是酿酒较为理想的矿泉水。此井四周风景雅致，群山环抱，向阳背风，所在地盛产牡丹和甜蜜可口的樱桃。这里就是彝族祖先灵魂的归宿地。

再往西，是"洒渔烟柳"。这里坝平田多，一条洒渔河几十里的河堤上生活的彝汉先民，为了护堤保埂，广植杨柳。久而久之，沿河两岸便长成了排排绿柳。每到盛夏，那丝丝柳絮，从河堤飘摇下河中，与水相辉映，大有"烟霞染水观鱼跃，柳絮惜阴听蝉鸣"的感觉。清晨时分，当阳光喷薄而出时，一层轻纱似的薄雾就笼罩在林带上，偶然高枝露出，雾中透绿，形成一道百年难逢的壮丽景观，即著名的烟柳景观。

在两百年前，昭阳区城市的北边，有一个小小的水塘，名叫"三多塘"。这是清嘉庆年间一位仁德爱民的知县王禹甸为解决居民饮水之需而开凿的。王禹甸任满去职后，百姓感其恩德，修亭以为纪念，名"清官亭"，亭上题有一联，意蕴深远，发人深思："者点水无多，一官已留清白去；此间尘不染，何人更踏软红来。"此后，清官亭又经过多次修缮和扩建，被辟为公园。天地悠悠，过客匆匆，一官已去，斯亭长存。

"者点水无多，一官已留清白去；此间尘不染，何人更踏软红来。"正是这副楹联，使得一个普通的亭子——清官亭，因此而亮丽，因此而文明，因此而神圣。这副楹联，是清朝咸丰乙卯举人饶起孝为清官亭所题。此楹联写出了清官亭水虽不多，但清波碧潭，只可惜它的建造者——王禹甸已经不在世了。接下来一句反问"何人更踏软红来？"透露出作者有所寄托而又无力把握的惆怅与困惑的矛盾心理。是啊，"何人更踏软红来？"为官一任，当造福一方百姓。王禹甸命名"三多塘"虽是自励、自勉，但他在百姓心目中是清官。难怪老百姓，要叫此处为清官亭。纪念之意，不言而喻。也难怪"清官亭"在两百多年来，经过多次修葺、扩建，后被辟为公园。也曾经多次更名，或叫"清光亭""卫泉公园""红旗公园"，可老百姓只能记住予民实惠的清官，"清官亭"就是清官亭。思绪穿越时空，两百多年前的一轮明月，普照着昭通大地。一条波光粼粼的龙泉水沿着利济河悄无声息地流淌，源源不断地流入这个名叫三多塘的池子，让昭通这座干涸的城市在活水的润滋下重新恢复了生机，焕发了气象。

清嘉庆十三年（1808年），一纸任命书，将陕西三原举人王禹甸

委任到了昭通当县令。当时，昭通并不叫现在的名字，而是叫恩安县，为昭通府的"附廓"，县治即府治。由于地理位置特殊，"锁钥南滇，咽喉西蜀"，地处滇、川、黔三省接合部，是出滇入川的要冲，同时又是鼎盛一时的乐马、金沙、长发等银矿山的腹心地带，这时的恩安早已是远近闻名的一座繁华的工商业城市。《昭通乡土志略》记载："在昔昭城，商业繁盛，厂务发达，称银用秤，滇铜蜀盐，车马交骈，秦楚赣粤，工贾群进，苏松梭布，填塞路径，百货云集，任人贩运。"又说"乾嘉间，乐马厂、长发硐、金沙厂相继大旺，出银甚多，商于厂者，贩一车米去，即以一车厂饼运回"，这里说的"厂饼"即《滇南见闻录》中记载的银的初制品。可见"搬不完的昭通"是如何的富庶。

作为一个十年寒窗、青衿白发的读书人,能在这样的膏腴之地做官实在是一件幸运和令人兴奋的事情。但是,王禹甸一路兴致勃勃地走来,尽管舟车劳顿,但依然满面春风。可他几天巡访下来,他的心情沉重无比。原来偌大一个远近闻名的恩安县城,竟然不能为它的居民炊饮洗濯提供必要的水源。每逢天旱少雨,或遇农时抢种,城内就断水,百姓叫苦连天。看到百姓生活如此艰难,王禹甸五内如焚。他翻遍了历代昭通府志及有关典籍,终于从乾隆三十六年(1771年),一位叫马州的贡生的策论中找到了突破口。马州在治理昭通三策中,明确把解决恩安县治城百姓的饮水问题列为"第一要策",并提出了切实可行的措施和办法。可是三十多年过去了,老百姓的饮水问题依然没有得到解决,王禹甸真想不通自己的一位又一位前任,为什么对全城百姓无饮之炊、无濯之洗竟然能够日复一日年复一年地保持超然物外的冷静?他真有几分困惑不解。

王禹甸决心在自己的任期内为昭通人民解决这一问题。他立即召集地方人士商议,集资,自己带头捐款,于城外西北隅选址,兴建一个大蓄水池,供城区使用。为确保工程质量,这位王大人可谓是殚精竭虑、不遗余力。他精心设计,组织人力,购置器材,组织施工,终于建成了一个大水池。"令甫下,民争之,阅五月而池成,既乃建庙以祀龙神,前列船房,左立

❶ 洒渔河晨韵
❷ 洒渔烟柳局部

仙阁，池中砌石架为歌台。"主体工程告竣，王禹甸为它取了个大雅大俗的名字"三多塘"，"三多"典出《玉海》，即看多、做多、商量多的意思。言辞中既有自勉、自励的意思，也有劝谕世人的成分在里头。老百姓做事喜欢讲实惠、看结果，于是"三多"在昭通便成了多福、多禄、多寿的意思。

在王禹甸任满去职后的嘉庆十六年（1811年）夏天，"三多塘"易名"清官亭"。这一年，昭通大旱，龙洞水已无法引入城中，城内原有的两个水塘早已干涸，幸好有王禹甸倡议修建的"三多塘"存在，城内百姓才幸免于难。"万家火食惟藕，是以免涸鲋之伤。"在强大的自然灾害面前，老百姓十分感念当年修建这个水池的王大

❶ 昭通坝子的绿荫万亩荷塘
❷ 昭通坝子里的白鹭闹荷

水光潋滟的清官亭

人,也不见有谁倡议和号召,仿佛是酝酿了许久,又仿佛是在一夜之间,人们就不约而同地把这个地方叫作了"清官亭"。

民国以来,昭通屡经战火,清官亭也受到破坏。新中国成立后,政府又对清官亭进行了几次较大规模的修缮、扩建。新开挖园林面积两千余平方米,掘曲池,建起凉亭水榭、回形长廊,增设了欣悦亭、动物园、鸳鸯亭、盆景室、奇石馆、儿童乐园等景区,人文景观和自然风光融为一体,互为映照,又相得益彰,成为昭通人民最为钟情的城市园林。

为了一个城市的生态和文明,力图打造一个城市崭新的名片,2015年9月,省耕文化公园开工建设。省耕公园位于原省耕塘所在地,以省耕塘水库为水源。围绕"生态湖滨城市耕读"这一主题建设,公园内的植被多为适宜昭通气候的本地乡土树种,植物设计总体以营造昭通秋城特色为主,精选云南松、华山松、雪松、银杏等作为基调树种,以罗汉松、滇朴、蜡梅等为特色主景植物,以芦苇、马尼拉等为水生、湿生植物,通过合理规划种植,凸显景观特色。并利用天然地理环境,因地制宜地将建筑与

自然融合，利用了中式造园手法，在场景构建和小品布置上下足了功夫，还原了中国山水园林的建造精髓，以写意的方式，集蜀王杜宇、朱提文化、昭通名人等人文元素于一体，通过中心景观、视觉焦点、景观节点布局景观结构，依托自然景观资源和历史人文遗迹，形成融休闲、观光、休憩、娱乐和公共活动为一体的综合性公园。

省耕公园可以算是昭通建设滇川黔省际中心城市而重点打造的项目，尤其以"潜心耕读""每日三省"为创意，深入挖掘"省耕国学文化"精髓，在数百亩绿树成荫、繁花似锦的水体公园周边布局了"省耕广场""诸子百家""四书五经""诗词歌赋""琴棋书画"五大广场和系列"国学文化长廊"，彰显"仁义礼智信"国学文化主题，引领"文化地产"发展方向。

而在凤凰山脚下，除了围绕望海楼有一个望海文化公园之外，与望海公园和凤凰山紧邻，正在紧锣密鼓地建设"乌蒙水乡"。项目以水乡为主题，生态环保为理念，整合生态公园、居住、酒店、娱乐演艺、零售、餐饮等业态，形成现代综合体、现代创智产业、开放性市民活动广场等公共空间，着力打造城市工作、生活的新焦点。充分体现"宁静、自然、生态、现代"，与凤凰山、望海公园等景观相融合，形成中心城市南部的"双肾"。

龙氏家祠是一个不得不提的地方，因为

❶ 省耕塘风光
❷ 省耕塘日出

这个地方还就是昭通乃至整个云南的风云民国博览。龙氏家祠位于昭通城南7公里处的簸箕湾村,系民国时期云南省主席龙云为祭祖而建的家祠。始建于1930年,竣工于1942年,城墙内占地26.5亩,主体包括祠堂和宅院两大建筑群,并有门楼、粮仓、月牙池、花园、碉楼、网球场、城墙、护城河等附属设施。蕴含着丰富的历史信息,有较高的历史价值、科学价值和艺术价值。

祠堂,由三进院落构成四合六天井,包括照壁、券门、过厅、两厢、正殿。过厅前雕有"五龙捧圣"石刻,正中悬挂陈荣昌书"龙氏家祠";正殿单檐歇山式,覆琉璃瓦,屋脊饰二龙戏宝,殿前石砌月台,饰栏板望柱,置有蒋中正书"封鲊丸熊"等匾额和章太炎等人题写的楹联,殿内供龙云祖先牌位,为龙云家族祭祀和举行重大活动的专用场所。

宅院,为传统的四合五天井建筑,包括正房、倒座、两厢及东、西两角碉楼。整个建筑气势恢宏,构件中柱、础、槅扇、雀替、挂落

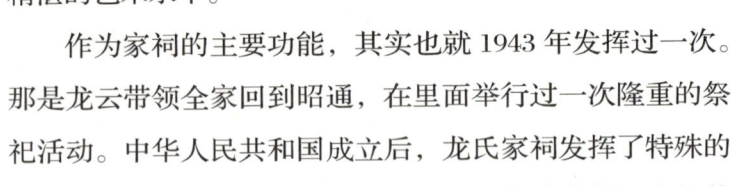

等或镂雕人物故事、瑞兽芝草、博古图案,或彩绘云龙、珍禽、小景,反映了当时云南在木作、石雕、绘画等方面精湛的艺术水平。

作为家祠的主要功能,其实也就1943年发挥过一次。那是龙云带领全家回到昭通,在里面举行过一次隆重的祭祀活动。中华人民共和国成立后,龙氏家祠发挥了特殊的作用,曾用作干部培训临时地点,先后作为荣誉军人修养院、农业中学、财贸学校,培养了大批的各类优秀人才。

20世纪90年代中期,龙氏家祠闲置下来,遭受不同程度的损坏。2006年6月昭通市政府启动祠堂和宅院主体修缮,后来又进行了附属工程和外围打造,至今不但是昭通为数不多的国家级文物保护单位,还是一个重要的文化景点。从里面透射出的是建筑、历史、人文的综合文化内涵,浓缩再现着昭通乃至云南的民国史,再现着昭通民国时期的民俗生活,充分展示着昭通深厚的地方文化和民族精神,对研究彝族文化、民国建筑和祠堂文化都有着重要的价值。

❶ 秋
❷ 省耕公园
❸ 龙氏家祠
❹ 龙氏家祠正殿

人脉传递文脉涌动

> 在昭阳区大地里,就隐藏着一个人物博物馆。如果打开这道大门,无须从远古,只用从现实稍微近一点的板块,从晚晴到民国时期,就有着一批这样活着的灵魂。

无可否认,一段时期来说,物产丰富是基本可以判断一个地方的富足的。但是,如果从遥远的历史时光中看到现在,土地的肥沃,经济的繁荣,这是一种衡量的标准。更富足的,是一个地方有影响、有代表性、有突出贡献的人物,会像血液一样,进入一块大地的身体,成为永不泯灭的灵魂。

在昭阳区大地里,就隐藏着一个人物博物馆。如果打开这道大门,无须从远古,只用从现实稍微近一点的板块,从晚清到民国时期,就有着一批这样活着的灵魂。他们如同星光闪现,照亮着过去的夜空,启明未来的苍穹。这些人,是博大而坚韧、卑下而高贵的。在他们的一生中,有着同一种精神,勤奋,对事业、艺术都有着一种生生不息的执着。探索,追求,无论在何种条件下,他们吃苦耐劳,不断创造着自己领域的业绩和辉煌。在他们有生之年,在文武、政治、艺术、经济方面,独领风骚。

在今天来说,他们虽然已经离开了这个世界,但是,他们的智慧、胸怀、眼光和气魄,人生信条,为人处世,一直影

昭通博物馆

响着后人。他们并没有死去,他们的精神和事迹存在于昭阳区大地里、空间中、历史的隧道里,也存在于人们的意识之中。他们的精神,永远留存于昭阳这块土地上,他们的名字闪耀着灼灼光辉:龙云、卢汉、姜亮夫、张希鲁、谢允鉴、彭勤、包鸣泉、沈生遴、朱君毅、张守义、费炳、浦光宗、李永和、蓝朝鼎、李平野、张清和、王亮基、李让卿、王开基、陈守仁、吴希龄等等。他们之中,每一个人都有着丰富的故事、精彩的人生,他们的精神和事迹不仅留在了历史之中,印证着一个时代,更重要的是,成了一种激励后人的动力和方向。

人类创造着文明,也推动着历史。一段时期,有时一个人可以推动一个地方的发展和繁荣。比如人们都把他称之为"云南王"的龙云。这个称呼,是因为他的传奇,时代背景造就的人生和他对一个地方开创的新局面。从1928年至1945年,他在云南,主政云南时间长达18年之久。如果追溯他的背景,说起来,他也不过就是从昭阳区炎山乡村里走出去的一个乡村孩子。他出生的那块土地荒凉,群山绵延。当时居住在此地的大部分是彝族,各处都有小部落。小部落与小部落之间,冤家械斗常有发生。他在四岁的时候,父亲就离开了这个世界。生活的艰难,时代的动荡,社会的不安,致使他的生活颠沛流离。直到民国元年(1912年),他与表弟卢

龙云

汉，一起进入云南陆军讲武堂后，才改变了他的命运。

云南是西南边陲，因为近邻安南（今越南），在当时已经成了法国的殖民地。另一近邻缅甸则是英国的殖民地，英法都有意洞开中国西南门户，加紧向云南扩张。就在这一年，昆明城里来了一位膀大腰圆，白皮肤蓝眼睛，满脸络腮胡，长相凶狠的法国大力士，号称"打遍天下无敌手"。他在晋谒云南都督唐继尧时，要求在云南陆军讲武堂摆擂三天，如果没人打败他，他便留在昆明开馆传授武术。如果有人能打败他，他立即离开昆明。唐继尧虽不高兴，却也只得答应。摆擂的第一天，昆明老百姓争相前往讲武堂围观。令人遗憾的是，上台的云南武师和武术爱好者们，一个个都被打得鼻青脸肿。摆擂的第二天，居然没人敢上擂台比试。到了摆擂的最后一天，直到下午仍没人敢上台。正当法国拳师得意忘形即将宣布打擂得胜时，皮肤黝黑身材清瘦不高的小伙龙云突然飞身跳上擂台。个头只到拳师腋下，与膀大腰圆的对手形成鲜明对比。法国拳师傲慢并嘲笑龙云简直就是想找死，说话间，粗大的拳头直奔龙云的心窝而来。龙云灵活地侧身闪过拳头，同时伸出自己的拳头直插过去，但无论如何也绕不过法国拳师的手臂，几个回合，始终无法发动有效的进攻。于是他改变战术，挥动铁拳朝法国拳师手臂猛锤过去。这一招似有千斤之力，法国拳师顿感铁锤敲打，手臂疼痛发麻，硬说龙云身上有铁器，比赛暂停。为了证实自己清白，龙云在裁判和观众面前脱下衣裤，只穿背心短裤，裁判当众搜身，确认无任何暗器，比赛才重新开始。两人在台上走马灯似地转来转去，寻找彼此的破绽。突然，只见龙云飞起一脚，使了一技扫堂腿，腿风从法国拳师头上掠过。法国拳师大吃一惊，正欲躲闪，紧接着连环腿又踢了过来。法国拳师站立不稳，龙云瞅准时机，运足力气。用八卦掌"猫洗脸"招式，虚晃一下来了个"和尚撞钟"，朝法国拳师的头部猛拍过去。法国拳师被打翻在地，疼痛难忍，趴在地上动弹不

得。台下立即爆发出雷鸣般掌声，十来个云南汉子跑上擂台把龙云抱起，抛向空中，欢呼胜利。第二天一早，法国拳师灰溜溜地离开了昆明。打擂一战，不但长了龙云的个人志气，而且扬了国威。从这以后，人们没有记住法国大力士叫什么，却记住了一个叫龙云的人。他从讲武堂毕业后，分配到昭通独立营任少尉排长。之后，步步高升，历任中尉排长，近卫军第二大队中队长，铗飞军副大队长、大队长，靖国滇军第一军前敌司令，滇中镇守使，云南省务委员，云南陆军讲武学堂校长，云南省政府主席。

　　时代造就人，他成了时代的佼佼者。但是，在统一云南后，龙云提出了建设"新云南"的目标。从政治、军事、经济、文化、教育等诸方面实行了一系列的整顿和改革，对东南亚各国亦采取开放政策，使地处边疆的云南成为民国时期国民党统治区一个引人注目的省份和抗战时期稳定的后方。在时代的风口浪尖上，龙云始终以坚韧的毅力，励精图治，奋发图强，致使云南各方面的建设生机盎然、欣欣向荣，民得安居，呈现出一派大好局面。这也成了人们为何称他为"云南王"的重要因素。在抗日战争爆发之后，他尽地方所有，贡献国家，牺牲一切，奋斗到底。1937年秋天，中国军队在华东重镇徐州与来势汹汹的日军展开了一场生死决战，正是在

❶ 1941年7月30日，昭通清官亭公园龙云铜像揭幕仪式
❷ 等待龙云回乡的昭通陡街盛况

这样的紧急关头，龙云毫不犹豫地把自己多年精心培养出来的数万子弟兵送上了前线。9月9日，龙云一身戎装，誓师巫家坝，滇军首批以卢汉为军长的第六十军四万余官兵浩浩荡荡步行一千多公里到达长沙集结，随即奔赴台儿庄战场。这场被称之为"血战台儿庄"的战役，滇军坚持了二十多天，重创日军，仅滇军就付出了两万余人生命的代价。重要的是还有一条奇迹般的滇缅公路，成了抗战时期至关重要的运输通道，有"抗日输血管"之称。在八年抗战中，仅有900万人的云南，龙云共组建派出了22万人的大军开赴前线，经历各种重大战役二十余个，伤亡官兵十余万。但是，最终使云南一直掌握在中国人手里，成为中华民族背水一战时脚底下为数不多的一块土地。

何止是云南。整个中国的大地上，在经历了血与泪的洗礼之后，1949年10月，中华人民共和国成立。再之后，龙云被委任为中华人民共和国中央人民政府委员，人民革命军事委员会委员和西南军政委员会副主席、西南行政委员会副主席。此后，他又先后当选为第一届全国人大常委，国防委员会副主席，第二、三届全国政协常委，民革第二届中央委员，第三届中央副主席，第四届中央常委等职。1962年6月27日，龙云因急性心机梗在北京逝世，享年78岁。陈毅主持公祭，周恩来总理亲自前来吊唁。悼词中说："龙云的一生，为国为民，光明磊落。"1984年11月19日，民革中央在人民大会堂举行座谈会，纪念龙云诞辰100周年。时任中共中央政治局委员、中央书记处书记的习仲勋同志，深情地说："龙云先生是一位著名的民主人士和爱国

卢汉

姜亮夫

将领,是中国国民党革命委员会的领导人,他同中国共产党有多年合作的历史,是我们党的一位真诚的朋友,他对人民的事业有过重要的贡献。他的一生,是一个光荣的爱国者的一生。"2005年,龙云被列入中央电视台创办的"20世纪中国最有影响力人物"之一。

在当年,同他一起进入云南陆军讲武堂的卢汉,在抗战期间,为和平解放云南,一样做出了重要贡献。卢汉和龙云,既是亲戚,也是同乡。在抗日战争期间,卢汉率部参加台儿庄等著名战役,升任军团长,集团军副总司令、总司令,第一方面军总司令。日军投降后,他率部赴越南受降。在1945年10月,龙云被蒋介石解除军政大权后,任云南省主席兼保安司令。1948年底至1949年初,中国人民解放军取得了辽沈、淮海、平津三大战役的伟大胜利。2月下旬,卢汉派与中共有联系的民主人士宋一痕,到中共中央香港分局递交了他致毛泽东、朱德的信,表示反蒋的决心。在中共中央及其南方局的领导下,卢汉同蒋介石嫡系的军、政、警、特反复周旋,几经周折,于1949年12月9日夜间10时,率领全省军政人员,在昆明通电全国,举行起义,宣布云南和平解放,为中国的统一大业做出了巨大贡献。新中国成立后,历任云南省军政委员会主席,西南行政委员会副主席,全国人民代表大会常务委员、国家体育运动委员会副主任、全国政协第一届全国委员会委员,第二届、第三届全国政协常务委员,民革中央委员及常务委员等职,1955年被授予一级解放勋章。1974年5月病逝于北京。

时代,生活,命运,折射出的,是勇气,是追求。

在任何一个领域,每个人所做出的贡献和影响是不一样的。其实,只要创造了一种成就,就是一种标杆,一种精神与灵魂的引领。

所谓中华文明,是一种文化的连接。创造,复兴,绵延不绝。从昭阳区走出去,出生于民国时期的姜亮夫,被称为一代国学大师。他19岁考入了成都高等师范学校国文部。1926年,考入清华

大学国学研究院，师从王国维、梁启超、陈寅恪先生。1928年先执教于南通中学、无锡中学，后任大夏大学、济南大学、复旦大学教授及北新书局编辑，其间师从章太炎先生。1933年任河南大学教授。1935年赴法国巴黎进修，1937年经莫斯科回国，先后任职东北大学教授、英士大学教授兼文理学院院长，云南大学教授兼文法学院院长，昆明师范学院教授，云南省教育厅厅长，云南省军政委员会文教处处长。1953年任浙江师范学院、杭州大学中文系教授、中文系主任、古籍研究所所长、博士研究生导师。曾获国家教委普通高校首届人文社科研究成果一等奖等多种奖励。

1940年，他应邀到云南大学文法学院和西南联大昆明师范学院任教。在云大任教期间，姜亮夫主要开设"尚书·尧典新证""古文字学"和"文学概论"等课程。其中"古文字学"课以甲骨文释词为主，先生积极耐心地指导学生将甲骨文、金文、籀文、小篆分列排列，从字词形体异同，考察研究其源流演变。

1942年3月，熊庆来校长聘姜亮夫为文法学院院长。除教学和行政管理工作外，他还抽时间进行自己心爱的学术研究。他与

姜亮夫塑像

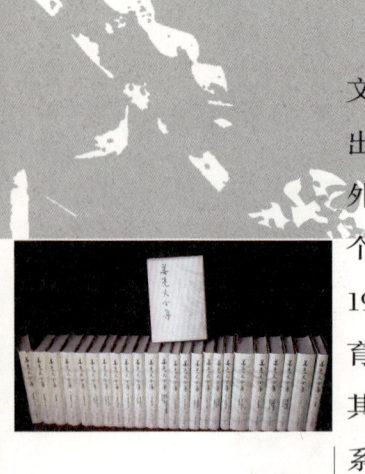

《姜亮夫全集》二十四卷

文史系主任方国瑜通力合作，组建了云南大学西南文化研究室，并出版了《文字朴识》一书，对西南文化的发掘整理做出了贡献。另外，他积极参与中国科学社社友会、中国天文学会等当时中国8个科学团体学术联合年会在云大举行的筹备工作，并任筹备委员。1942年7月，当时云南省主席龙云为提倡学术研究，促进科学教育事业发展，指令兴文、劝业两家银行拨款20万元补助云南大学，其中以10万元设立龙氏学术讲座。姜亮夫主讲的"敦煌经籍校录"系列讲座中，把自己在欧洲研究考古的方法和语言音韵学研究方法介绍到云南大学，开阔了云大师生的视野，增强了学术氛围。

姜亮夫还积极参加各种民主政治活动：参加云南大学宪政研究会。西南联大与文艺壁报社在至公堂举行纪念鲁迅逝世8周年晚会，姜亮夫即席发表了精彩的学术演讲。1945年1月28日，姜亮夫在《云南日报》发表《一·二八所得到的》文章，深刻揭露了日本侵略者从光绪五年（1879年）侵占琉球以来近70年包括鲸吞东三省的种种罪行及其使用的种种卑劣伎俩，要国人时刻警惕日本侵略者使用"以华治华"破坏国人团结以达到其侵略目的的阴谋诡计。在当时起到了鼓舞民众、争取抗战胜利的巨大作用。

抗战胜利后，姜亮夫经顾颉刚介绍到浙江英士大学任文理学院院长。

1948年初，姜亮夫重回昆明师范学院和云南大学任教授，主要著作有《屈原赋校注》（7卷）和《屈原赋今译》。这两本巨著1987年北京出版社再次出版，日本及中国香港、台湾皆有翻印本，且被多所大学指定为本科生、硕士生必读参考指导教材。1949年4月，姜亮夫被前省主席卢汉任命为云南省教育厅长。9月9日，卢汉发动"九九整肃"，姜亮夫为"云南大学整理委员会"整肃委员，10月兼任云南大学校长。12月9日云南和平起义，又被推任为云南临时军政委员会文教处处长，主要负责维持云南当时的教育秩序和对旧教育的接管、改造工作。

姜亮夫在学术生涯中完成专著数十部、论文百余篇，取得了举

张希鲁

世瞩目的成就。在中国古典文献学、楚辞学、敦煌学、语言学、训诂学、工具书编纂等诸多方面都有重要建树。75 个春秋，他写下了洋洋 1000 万言，成就卓著，被尊为一代宗师。他的《中国声韵学》是我国较早地全面概述传统音韵学的著作之一；《敦煌——伟大的文化宝藏》是我国第一部全面阐述敦煌学的著作；他在《中国社会科学》创刊号发表的长篇论文《智骞〈楚辞音〉残卷跋》，首次提出楚辞学史上存在郭理学派的论断，震动了楚辞学界；《莫高窟年表》把开窟至封闭七百余年间的藏品逐年排列，缀以丰厚的研究文献，并加以按断考证，为敦煌学奠基作品之一；以《瀛涯敦煌韵辑》为代表的一系列论著把敦煌文书资料的整理与汉语音韵学研究结合起来，基本复活了湮没一千多年的陆法言的《切韵》系统，并由此提出宋人重修的《广韵》"实际是一个大杂烩，错误很多"。这一富有独创性的论断，为推动汉语音韵学研究开创了新的局面；以《古史论文集》为代表的史学系列论著展示出他在《家庭、私有制和国家的起源》指导下"重写《中国古社会史》"的雄心壮志；《历代人物年里碑传综表》等一系列工具书的编撰，为学术界提供了极大的方便；《昭通方言疏证》是云南地方文化研究的光辉典范。姜亮夫最重大的学术建树是以 180 万字的巨著《楚辞通故》为代表的一系列楚辞学论著，把楚辞研究从传统的章句之学解放出来，别开生面地引入语言、历史、哲学、地理、考古、民俗、博物诸学科文献，走上综合研究的道路，开一代研究之新风。《楚辞通故》一书被海内外专家誉为"当今研究楚辞最详尽、最有影响的巨著"。

姜亮夫先生也是卓有成就的教育家。从 1928 年起，他一直固守在教书育人的岗位上，培养了数以千计的专业人才。1953 年后，他为杭州大学的学科建设做出了极其重大的贡献。1958 年他旗帜鲜明地提出加强古代汉语、古代文学、古典文献学教学的"三古方案"，并全身心地投入杭大语言文学研究

室的创设，精心培养研究生。1979年他不顾年高，毅然接受教育部委托，主持开办了楚辞讲习班。1983年他81岁高龄，又受命组建杭大古籍研究所。1985年他83岁高龄，又接受教育部委托开办敦煌学讲习班。直到90岁仍诲人不倦、不知老之将至，为祖国教育事业倾尽了心力。如今姜门桃李，已遍布天下。

1995年12月，一代国学大师姜亮夫在杭州逝世，享年93岁。他的肉身虽然离开了这个世界，但是，他的精神和成果，打通了文化的源头和未来。他不仅是昭阳区的财富，是云南的财富，也是中国的财富。

另外一位叫张希鲁的老先生，出生于昭阳区这块土地上。当时，他的家庭清贫、寒苦，却是书香门第。在他18岁时，考入省立第二中学学习。1922年，希鲁先生以优异的成绩考取了东陆大学文史专业，并有幸成了光绪经济特科状元、著名学者袁嘉谷的高足，得到了袁嘉谷无微不至的关怀。袁嘉谷先生为他提供了可能提供的一切，资助他求学费用，推荐他兼任昆华图书馆馆事，半工半读。不久，又设法让他"移居图书馆，每月津贴薪米。凡应读之书，先生皆一一代购"。生活上关心，学业上则不免"苛刻"。正课之外，责张希鲁校印《经传释词》《古书疑义举例》《卧雪堂诗集》等著作，培补学养，砥砺情志。

之后，他成了卓有成就的文物收藏家和考古学家。1930年，张希鲁从东陆大学毕业之后，执意要返乡服务桑梓，遂回到昭通任教于省立二中和昭通女师。教学之余，希鲁先生酷爱文物和考古。一有空，他就亲往四乡访求，倾其所有，购买流散在民间的出土文物。他的收藏和研究，使他成为享誉全国的地方文史研究专家和文物收藏大家，《汉建初器与虫鱼器跋》《跋建初画刻石》《跋蜀郡器》《跋汉朱提银锡白金》《跋汉阳嘉四年堂琅洗》……宏文卓论，珠玑铺陈，含英结华，古韵千秋，体现了一代学人严谨的治学精神。已故方国瑜教授生前为张希鲁遗著《西楼文选》所作序言中说："昭通张希鲁先生是石屏袁树五老辈高足，瑜与相识已四十余年也。他博识多才，议论精审。尤其对云南文物的搜集研究，多有创见。瑜为《新纂云南通志》编纂《金石考》，得希鲁先生提供资料，多已收入，为世人所称道。"又说："滇古金石以昭通为最丰，而昭通金石以

我收藏考订为多。"

但是，在他生前，他曾向北京历史博物馆和云南省历史博物馆捐献了聂耳印章和晋南夷长史印鉴等文物。1979年，先生病逝，女儿张有初、张成初谨遵遗训，将其生前几十年来费尽心血收集的137件古代金石文物、225幅名人字画、163册名贵碑帖以及许多文物拓片，全部捐献给国家。其中有赵藩题跋的孟孝琚碑初拓片，有汉代建初、阳嘉等年号的双鱼铜洗和大小不等的双耳铜釜、汉代铜灯等，及汉建初画像石刻、汉蜀郡铁锸、晋代的风神石，还有一些从战国开始到清代为止的钱币。这些金石文物是研究云南历史、文化的贵重珍品，大都被《新纂云南通志》和有关学术著作著录过。另外，明末清初的爱国诗画僧人担当以及钱南园、林则徐、王梦楼等人的绘画、书法真迹也很有价值，为昭通，为他的祖国留下了数以千计的珍贵文物，也将一代学人爱国爱乡的精神长留在了天地之间。

张希鲁先生逝世，挚友浦汉英教授为他编选了遗著《西楼文选》，云南大学方国瑜教授、西南师范学院邓子琴教授为该书作了序，1985年昭通地区《西楼文选》编写组、昭通行署文化局将该书编辑印刷成册。

其实，他留下的，何止是成果？还有他高洁的品行，对名利的淡泊精神。他精神的财富，已无可用经济来衡量。

艺术的追求。深远，境界，也是另一朵精神之花。被称为著名的书法家、考古学家、教育家的治学严谨的谢允鉴。在早年，曾师从董贯之学绘画，凡水墨、水彩、炭笔、油画皆涉染，均有所成就。学成返乡后，创设画馆，并先后任教于省立昭通中学、昭通女师、昭通女中、昭通师范学校。教学之余，沉醉于书画，金石创作之中，由临帖入径，形成了浑朴不雕、风韵淳古、生意沛然的书艺风格而享誉南滇。1901年，被誉为"寰宇稀世之奇珍""海内第一石"的《孟孝琚碑》，在昭通白泥井马家湾出土。但是，出土后，碑首断失一截，立碑年

谢允鉴

代、碑铭补缺成为学术界面对的费解而又必须解答的难题。海内外硕学名儒纷纷为之魂牵梦萦，为之序，为之跋，为之考释补缺，但一直没有令人信服的结果。谢允鉴先生不畏强手，迎难而上，废寝忘食，历十余寒暑，浸润于历代金石、碑刻、经籍之中，精考细查，一一佐证，择善而从。最后，依原碑文字，拟补了孟碑缺文88字，风格淳古，几与原文语气无别，圆满了孟碑缺失的美妙。同时，在借鉴其他学者考证思路的基础上，钩沉索隐，抉幽烛微，最后得出"孝口之卒在丙申〔东汉永寿二年（156年）〕二月，必于明年丁酉十一月乙卯安葬无疑"的结论，在干支、史事、官制、风尚及金石发展历史等方面都可以互相参证，圆满地解答了立碑年代这一难题，赢得了学术界的一致肯定。

1956年，豆沙关的唐袁滋题名摩崖刊石被人取出，转移到大关县城随意弃置。先生闻讯，心急如焚，一面向有关部门紧急报告；一面又投书报社，吁请社会各界共同努力，将唐摩崖复原妥善保存。1963年3月11日，先生得知昭通中寨村发现古墓壁画的消息，当即电话向有关部门汇报，吁请速加保护。随之赶到现场，详细记录墓地、墓室、壁画情形。越日，又将记录整理的资料，分别函寄海内学者，同时拟制新闻稿向海内外报道东晋壁画墓的消息。最终，使这一珍贵的历史文物得以妥善保存。其后，先生又积极促成晋墓的迁移复原安置工作，建永久性保护室，并为之题写了"东晋霍氏壁画墓室"。

谢允鉴先生在学术追求中，一直遵循"学不可以已""在止于至善"的路子，充分展示了一代学者浑朴厚重、高格远致的风范。

被称为书法家和教育家的，还有一个叫包鸣泉的人。他1893年7月23日生于昭阳区，字培卿。自幼就读于私塾，后入县立两级小学高级班，1913年考入云南省立第二师范本科。1918年毕业，执教于县立第二小学（今昭通实验小学前身），后任校长，县教育局长。1943年6月，包鸣泉任县临时参议会副议长，1944年任县第一届参议长。同年县立中学成立，包鸣泉为首任校长，校风教风有口皆碑。鼓励学生学习时事，关心国家大事。

1946年，国民党挑起内战，7月，在昆明发生枪杀民主人士李公朴、闻一多惨案后，昭通也笼罩着白色恐怖。包鸣泉不顾个人安危，挺身而出掩护

包鸣泉

了一部分进步师生转移。包先生一身正气的言行激起了当局的不满,1947年下半年,他被解除中学校长的职务,他对来自各方的压力处之泰然。1950年后,他重返讲坛,积极支持和参加各项社会改革。1983年11月12日,包先生溘然长逝,享年90岁。

包鸣泉先生毕生教书育人,从事教育工作58年,培养了许多人才。在教学之余,他精于书法、篆刻,所书深有意态,造诣极深厚。书法初学米芾、赵孟頫,后宗"二王",继之取法魏晋,博采众长,融会贯通,独树一帜。凡所书,落笔一丝不苟,体势紧密,姿态朗逸,而点画所至,深有意兴。用笔遒劲,其笔力飘逸、洒脱,于规矩中别具新意。先生篆刻以汉印为宗,兼参隶意,沉朴雄厚。在书法教学上,主张"专工一家,博采众长"。他说:"专工即下定恒心,学像一种帖,以这为基础。博采即多读贴多临帖,融进诸家之长,创造出自家的风格。"他书法上的成就影响很大,遍及西南各省。特别是他不计艰辛,参与编纂完成《民国昭通县志稿》,为昭阳区人民留下了一笔宝贵的文化财富。

所谓文化,是人在不断地创造和追求中,继承、保留,一丝不苟地堆积和延留下来的。

文也罢,武也罢,创造的依然是文化。它最终的境界,依然是精神。

在民间一直传颂侠肝义胆的侠者彭勤,1904年入过乡村私塾,后因家贫而辍学,喜好武术。先后拜名师马得胜、郑海波、林毓初等为师,刻苦练习武艺。1918年,彭勤在广州考入了驻粤滇军干部学校,毕业后在驻粤滇军二师十团中任排、连长。1924年,回到昭通任近卫七团连长,同年又考入云南陆军讲武学堂第十九期。毕业后,先后担任过滇军九十八师警卫连排长,军官候补生队中队长,独立补充大队军事队副队长、连长,旅部少校副官。

1938年,彭勤调六十军一〇八〇团任营长,随部队开赴抗日前线。同年4月,参加了著名的台儿庄战役。战斗中,他率领战士浴血奋战,代理一〇八〇团团长。后因腿部负伤,回家休养。彭勤在战场上,精神受过刺激,嗜酒成性,每饮必醉,故世人经常称他为"彭疯疯"。在家养病期间,为了方便行人,他倡议修建靖安大桥,除自己捐出台儿庄战役残废金和变卖二十亩土地的资金外,还亲自向过往商人及富庶之家劝募捐款,并亲自督工修建。历时一年多时间,建成了一座宽4米、长40余米的"靖安大桥",至今仍在使用。

疾恶如仇,是彭勤的个性,也是他一贯的作风。当时,官吏们贪赃枉法,人民群众冤苦无诉。彭勤的出现,让人们有种酣畅淋漓的畅快。因为当官的都怕他,为了民众的事情,他几次找昭通行政专员王凤瑞讲理都没找到。他便扬言,如果在街上抓到,他就要狠打王。王闻风大惧,不敢出门。全城贪官污吏都闻风丧胆,不敢轻易自由行动。一日,昭通县长汤柞正在怡乐戏院中看戏,忽听观众中有人喊:"彭勤来了!"汤柞闻之失措,随即挤在人群中掩面而逃。彭勤一跃上台,大声宣布某官如何贪污,某官如何欺压百姓,某日打过某官等,全场观众都鸦雀无声地听他骂官。数十分钟后,他才下台而去。此时,台上管弦复起,演员又出台演唱。此后,他每隔两三日必来戏院台上骂官,但从不到后台干扰。由于他言人民所不敢言,骂人民所不敢骂,一吐人民心中的积怨。所以,他一直深受群众的爱戴。

彭勤

1977年，曾经参加台儿庄战役的六十军师长彭勤在学习《毛泽东选集》

1943年，龙云回昭通视察，彭勤闻讯后，清早便手提大刀，携带爆竹到元宝山迎候。地方官员怕其滋事，将他软禁。龙云到昭后，因他早年与彭勤有同师学武之谊，随即问起彭勤的情况，并下令恢复他的自由。第二天还会见了彭勤，多方抚慰。在1944年，彭勤又自动发起修建冷水河大桥，以利行人，并亲自向富商及来往商人、马帮劝募捐款。1945

年冬，昭通专员王凤瑞为了报复，乘彭勤酒醉之机，将他关押，并专门为他修建了一所最牢固的牢房。王凤瑞去职之后，由于云南的局势动荡不安，彭勤的冤狱也无人过问。直到1950年，他才被释放，恢复了自由。

彭勤武艺精湛，师德高尚，弟子众多。彭勤带家人以卖豆花度日，平时售卖家传秘药"洗手丹"，对穷人送货上门，廉价出售，对富者则加倍出售。他虽是武者，实则有一颗普度众生之心。

正义，有时只是在软弱者或者集权者的手里，给人一种面目全非之感。如果迎向它，就会有生机出现。

在清代任职昭通的府县官员中，沈生遴是一位让人怀念的县太爷。据《昭通志稿》记："乾隆二十一年（1756年）知恩安县事。兴修闸坝，讲求水利，又亲定蓄放条规，民遵行。昭通田亩之获水

1943年昭通陡街

利，公之力为最多也。四乡均有俾，纪其政声。"——非溢美之词，两百余年后的今天，昭鲁坝子的芸芸众生仍或多或少地享受着沈知县的余荫。自乾隆十九年（1754年）起，昭通连续几年大旱，农桑不兴，民生艰难。当时的沈生遴，便上山下乡，走访老农老圃，现场踏勘，寻求缓解旱情、改善农业灌溉的办法。翌年，一项工程付诸实施并顺利竣工：在龙洞增建一座"广储"闸，在横贯昭通坝子的"利济河"上修了18座闸坝，合理分配水源，调节丰歉，完善渠系，提高灌溉效益。在十八道闸坝中，有一道"留余闸"，渠道网络10余里，埂长一百四十丈，"为附郭众流所归，一郡之关锁"。因其地位至关重要，设专人管理，培修堤埂，植树保护，为"障蔽南方火星"，据堪舆、风水家言，又在闸埂上建了一座楼，在距城约2公里的昭通市南郊凤凰山西麓建望海楼。

望海楼在时代的风雨和变迁中，最终得以保存下来。如今在修葺一新的望海公园内，它的存在，成为一个公园灵魂的支柱。

所有能在时间中留下的人物、事件和物件，都不会在人们的记忆中模糊。

外交官朱君毅，1916年12月6日生于昭通。1938年春加入"民族解放先锋队"，1939年初，参加革命工作，投身于抗日救亡运动。1954年，因工作需要，调到外交部工作。先后任中华人民共和国驻瑞士大使馆二等秘书、驻中非大使馆一等秘书、外交学校国际法教研室及国际关系史教研室主任、外交部亚非司处长等职。在外交学校担任教学工作期间，他刻苦钻研，组织编写出版了《战后国际关系史》一书。1989年12月在北京病逝。

然而，他所留下的，是使命般的遗产。以自己不屈的精神，滋养的是后人、是未来。

义字当头，自古如铁桶般牢固。所谓义气，似乎大多指的

是江湖中的哥们对人和物的态度。

但是,在昭阳区,就有这样一个女人,她叫张守玉。先后就读于县立女子小学、女子师范、昆明法政学校。期间,曾当过小学教员、地方法院承审员。1939年,经考试录用到省盐运署,任总务。后经商,家境日渐富裕。思想进步,爱国爱乡,被推举担任昭通旅省同乡会理事长和省参议员。投身爱国民主运动,多次资助、掩护、保护中共地下党员。1949年9月,被国民党反动当局逮捕关押,云南和平解放前夕获释。1950年3月回昭通定居,在县政府工作。1957年被错划为"右派"。1979年纠正,恢复政治名誉,任昭通市(县)政协常委、副主席。1990年病逝,终年87岁。

虽为女人,却为人正派。把义顶在头上,骨子里,流淌着对钱财的轻视、对义的看重。

无论是对人生的追求,还是对事业的孜孜不倦。有追求,就有梦想;有梦想,就会散发出光辉。

1909年出生于昭阳区石头塘的费炳。1928年2月,在昭通加入中国共产党;1930年到武汉军校读书,1932年初入南京军校;1935年与中共上海党组织派来的李浩然建立了"中共云南临时工作委员会"。费炳为云南第二次建党做出了重大贡献。1937年6月任中共云南省临工委书记。1941年1月8日到重庆红岩村中共南方局向叶剑英和周恩来汇报云南地下党工作,周恩来传达了党中央在国民党统治区"隐蔽精干、长期埋伏、积蓄力量、以待时机"的工作方针。1949年1月参加策反卢汉、龙泽汇起义工作,后在云

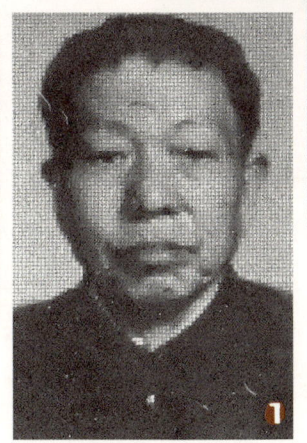

南军区司令部工作。2000年在昆明病逝。

为家，为国；为时代，为时势。所付出的，用今天流行的话说，都是满满的正能量。如果不说正能量，就是社会发展的动力。

一个世界可以划分为不同的国家、不同的省、不同的市区，一直分得很细。各司其职，社会才会稳固，时代才会向前，人也才有活力。

1903年出生于昭阳区的浦光宗。1923年进入昆明东陆大学（云南大学前身）学习。在他身上充满着活力，1927年，与王启瑞组织了"昭通旅省学会"。同年，加入中国共产党。1928年，省特委指定他负责云南学运和赤色济难会的工作。7月参加了省特委在蒙自查尼皮召开的省特委扩大会议。12月下旬，李国柱代表省临委指派浦光宗到昭通对费炳及其领导的农民小组了解情况及传达省临委《加强农村工作的决议》。1950年5月，任碧河公路工程处委员会委员兼工程处处长。10月调任省交通厅副厅长，后参加了省人民政府党组，同时任省财委委员和财委党组成员并参加省科协筹委及省总工会筹委。2003年5月逝世于昆明。协调、组织，是他一生的付出。他磊落的精神和事迹，留在了纸页里。

何须认定一个人从事什么职业？人生的路途与时代合拍，创造的事迹于社会有价值，就算成功。

❶ 费炳
❷ 张守玉

农民起义领袖李永和、蓝朝鼎，难道不是一个传奇？他们的出生年月均不详。所有的记录里，都认定，咸丰八年（1858年），李、蓝是农民大起义的主要领导人。李永和，在昭阳区洒渔河柳树湾出生，民间称之为"李短鞑鞑"，1862年逝世。蓝朝鼎，人称蓝二顺，又称蓝大顺，1861年逝世。

在民间，有"蓝慌张、李不忙"之说。这说法，非常形象地说明了两位农民起义军领袖的性格特征。蓝朝鼎性格直爽、作战勇猛，李永和遇事冷静、善于谋略。咸丰六七年时，李永和、蓝朝鼎等人对清政府统治之下的社会现状强烈不满，在昭通城中互通气息，积极进行起义前的准备工作。1858年夏秋之季，李、蓝农民大起义在昭通爆发，义军开始以贵州威宁县观音山作为根据地，后移师大关县屯上、盐津县牛皮寨。1859年九月初，义军向四川进军。1860年初，李、蓝义军在四川的发展已成燎原之势，至七八月间，整个川南、川北及川西的大部或一部，全在义军的控制之下，人数发展到近五十万人。从1861年初开始，李永和在眉州，蓝朝鼎在绵州分别集中义军主力40余万发动两大战役，形成南北夹击成都之势。但在战斗中接连失利，损失惨重，李、蓝二人先后壮烈牺牲。义军余部在张弟才、蔡昌龄（李、蓝义军骨干将领，均为昭阳区人）的率领下，先后转战滇、川、陕、甘、豫、鄂等省，与太平天国西征军各部密切配合、共同作战。最后一只部队于同治四年（1865年）六月在甘肃阶州（今甘肃武都）战役中失败。

爆发于昭阳区的李、蓝农民大起义，是继太平天国起义后中国近代史上轰轰烈烈的农民大起义。义军人数最多时达六十多万人，历时七年，给予清王朝的腐朽统治以沉重的打击。

时代远去，人也远去。但是，历史的典藏里，却记录着一个时代的背景和农民的命运，也记住了强权压迫下的反抗与挣扎。农民不是软弱的，只不过柔韧性极好，一旦爆发，就会势不可当。

都说时代造英雄。或许，这有一定的道理。但是，谁又敢否

浦光宗

定，一将功成万骨枯呢？

1912年出生于昭阳区南城的李平野，原名李寿康，1935年加入红军，参加长征爬雪山、过草地，历任班、排、连、营、团长等职，后任八路军三五九旅二营营长、旅部教导队队长。解放战争时期，任东满军区延吉军分区参谋长、九江军分区副司令、五十军一四九师副师长，参加过辽沈、平津等战役。1950年10月，李平野所在部队奉命入朝参战，参加了渡大宁江、大小和岛、汉江阻击战、椴岛等战斗。荣获朝鲜金日成主席授予的国际勋章、军功勋章、一级自由独立勋章。1955年5月，被授予中校军衔，并被授予二级"八一"勋章、二级"独立自由"勋章和二级"解放"勋章。1957年调任吉林省公主岭军分区副司令员。1958年转业后到广西壮族自治区，曾任轻工厅糖业处副处长，1979年被选为云南省政协委员。1966年因病离休回昭通。

战斗中，李平野的英勇，无疑让他成为一个战斗英雄。

保卫疆土，或者保护平民百姓的生活中，战士就是城墙，就是挡箭牌。但是，除了战士，医生，也是一方人生命的保障者。

1827年出生于昭阳区的张清和，字复初，清同治时期举人。祖上行医，张清和自幼就继承祖业，潜心钻研《内经》《伤寒杂病论》《脉经》等医学经典。对《脉经》研究尤深，多有批注，写有《脉经简易集》流传后世。学术上法宗东垣，谙熟八卦，精通脉理，有凭脉断生死之技，时人誉之为"活佛""张神仙"。张清和在诊病之余，教子习医以继承祖业。其子张伦一，随父学医，民国初期在昭通享有盛名，被聘到云南省立二中当校医，成为昭通第一个校医。

此外，既是中医又做慈善的王亮基，1862年出生于昭阳区。在11岁时，拜昆明医生王太和为师学医5年，返昭后在陡街开设"善诚堂"行医。在学术上法宗丹溪，用药以养阴

李平野

为主，遵古而不泥古，常教其子王寿山：人之生理，虽阳有余而阴不足，用药应以养阴为主，临证之中，则应做到有的病要用是药，有非常之病，用非常之药，拟方不泥于古而于今。故他对古方、今方、中药、草药均全面搜集，潜心研究，对内科、妇科、儿科、外科疾病均有独到见解，尤其对痈疽疮疡有较深的研究，常以自制膏、丹、丸、散治疗，其效甚佳，当时在昭通享有盛名。他不仅有医人之德，亦有修桥补路之功。五孔桥乃昭通城通往靖安之要路，洪水季节，人及畜力必须涉水而过，涸天亦须绕道而行。为解除此患，王亮基自筹资金，请工拱砌成桥，因桥有五孔，名之五孔桥。李子园至官坝的便道凸凹不平，稍有小雨，则泥泞难行，王亮基自筹资金，请工用石板铺路百余米，解决了走路行车之困难。一直，为世人所称赞。

一个人，对一项事业，只要不断求索，自可得精髓。1896年7月22日出生于昭阳区的李让卿，对《伤寒论》《金匮要略》钻研尤深。常对其子女弟子说："《伤寒论》承先启后，有方有论，示人以辨证施治之大法，最应精读。"他治学用方遵古而不泥古，常说："只要能治病，则不必拘泥经方时方。"由于他治学谨严，辨证准确，临证不乱，常挽危病于须臾之间，治疑难杂病，胆识过人，具有独到之处，为昭通的中医事业做出了巨大的贡献。他不仅医德高尚，又为人诚实，世人曾送"德高医精""再世华佗"之匾颂誉。

都说中医治本，西医治标。西医也有着见效快之特点。1886年出生于昭阳区的王开基，字肇勋。自幼就读私塾，后转宣道学堂学新学。1902年入福滇医院当清洁工，由于他勤恳好学，深得英国籍医师林树德的喜爱，工作之余常教他学习西医及护理常识。1913年，考入华西大学医学院。于1921年毕业，获医学博士学位后返回昭通，任福滇医院院长。王开基被称为昭通的第一代西医，虽未留下著作，但为西医的传播、新法接生的推广，做了大量的工作。同时，他是昭通最早的生理卫生教师，1921年，他从成都回到昭通，就应省立二中校长的聘请，兼任了该校生理卫生课教员，直至1952年才辞去教员一职。1987年12月，王开基在昭通去世，享年101岁。

吴希龄

医者，仁心。为肉身的健康做保障。艺术，为其精神做营养。

人之精神境界，健康，艺术的熏陶是最好的良药。1899年出生于昭阳区的陈守仁，名正荣，字守仁。酷爱书法和绘画，从20世纪30年代中期开始从事雕刻工作，进行组字人像研究。1937年，其微雕品孙中山头像和观音大士佛像在南京举办的展览会上展出，引起轰动，观众如潮，无不惊为神技。其牙雕中山先生像，大小与普通六寸相片相似，着西装半身，神情毕肖。全像用《兴中会宣言》等文的12400余字组成。1950年后，先后在昆明市牙雕生产合作社、工艺美术厂、工艺美术研究所工作，并担任昆明市政协委员。1964年，完成象牙微雕毛泽东、刘少奇、周恩来、朱德四幅领袖字组像。其中的毛泽东主席字组像，在长14厘米、宽10厘米的画面上，由《在延安文艺座谈会上的讲话》和《改造我们的学习》两篇文章计26000余字组成，其字体刚劲流畅，字迹秀丽，布局得体。

丹青妙笔，是技术，更是艺术。技术只不过是功底，艺术却是心境的辽阔。1903年出生于昭阳区的吴希龄，名美键，字希龄，号老鹤。15岁开始研习国画，后又旅居昆明，抗日战争时期先后在昆明、个旧、下关等地举办个人画展。1952年由下关转回昭通。他一生专攻写意山水，以传统笔墨为主，功力深厚，作品甚多。有的苍老浑厚，有的秀雅清丽，笔墨气韵俱佳。后期除笔墨外，更着重用水，使笔、墨、水合为一体，从天而降，更为佳妙。平生从学弟子很多，求画者甚众。1978年后，其作品多次参加各类美术作品展览。

这些对后人影响至深的人物，他们虽然肉身离开了这个世界，但是他们的灵魂永存。犹如天空中的群星，照耀着苍穹，辉映着昭阳区这块厚实的土地。

记忆的指尖与舌尖

> 无论哪一种舞蹈，在民间或热闹，或社交，或表现民族传统与教育，或者强身健体，都会对人们的文化生活起到积极的作用。
> 在昭阳区大地上，大自然里，无论是树根、石头，还是其他，通过匠人的手，就会创造出很多艺术价值极高的作品。

不可否认，很多艺术来自于民间，隐藏于民间。比如舞蹈，实际从有人类开始，舞蹈的艺术就伴随着历史的发展而发展了。比如远古人们的狩猎、耕种，各种生活中的动作，其实就是一种最直接的舞蹈形式。它通过人体的动作，来表达感情、声音和语言。

在昭阳区，这种具有更加明显的舞的形式，存在很早。可以说早在汉代，就有舞蹈存在了。可以为此证明的是昭通出土的汉砖，在上面具有非常清晰的舞人的形象。其实，从中也可以看出，当时这块土地上的舞蹈，早已存在。

从各民族流传的古歌中，一直以来，都有歌与动作的优美结合，舞蹈的形式随着生产力的发展，一直延续。并且，这些舞蹈非常直接和间接地反映和表现着每个时期、每个民族的生产劳动，生活的情趣或者宗教般的活动。

毫无疑问，这是一种来自于民间又在民间永不凋谢的民间艺术之花。它衬托出了人们对生活情趣和美好的追求。

在这块土地上，即便是让人悲伤的丧葬活动，人们也习惯于

被现代艺术化的四筒鼓已经搬上舞台

用舞来表达。比如汉族的"四筒鼓舞",这在《昭通志稿》中有记载,起码在清宣统三年(1911年)以前,在乡间的丧葬活动中就广为流行四筒鼓舞。具体起源于何时,无可查证和考究,但是,从民间传说中,应该也有三百多年的历史。乐居的孔令芳说,他记得爷爷说过,在爷爷的祖辈就有了四筒鼓。苏家院大坪子的陈仁平说,他们家明朝从南京搬到云南后,在康熙二年(1663年)九月建过家祠,当时就有四筒鼓置放于祠堂内。只是祠堂后来早已拆除,建了粮管所,已无依据。但是,按照他们的家谱,至今十多代人,也是两三百年的历史。不管是三百年还是五百年,总之,在民间,一般在老人升天之后,四筒鼓舞就出现在丧事活动中。

所谓四筒鼓舞,实际是由于当时因舞时四人身挎筒鼓边击边舞而得名。也称"跳丧鼓"或"跳鼓"。它是汉族丧葬时男性的集体舞蹈,仅现存于昭阳区,尤以洒渔河流域最盛。它的原始跳法,是四人各挎筒鼓,边打边跳,鼓点单一。随着时代的进步,艺人们逐步加进了锣、钹、镲、彩红、哨子、扁鼓。使舞蹈更加丰富、活跃、隆重。由当时的四个人发展成为九个或者十一个人。在跳起鼓舞时,由四人各挎微鼓于左边,两人

古老的四筒鼓

持镲，两人持钹，两人持彩红，一人持小扁鼓，一人持锣，集体绕圆圈转。时而顺时针，时而逆时针，在持锣者的指挥下演跳各种模拟性动作，有鲤鱼跳龙门、喜鹊登枝、仙鹅抱蛋、老牛擦痒、二龙抱宝、蛤蟆晒肚、新人坐轿、苦竹盘根、山羊打架、猴子捞月、犀牛望月等八十多个套路。如今吸收了花灯、腰鼓等舞蹈成分。在舞姿上，由于长期形成的习惯，还分高桩和矮桩，往往海拔相对较高的山和半山区，习惯于高桩表现，而坝区就是矮桩，也就是在表演中，舞者的重心降得更低。

　　如果再分细一点，统称的四筒鼓舞还分为几种。一种是丧家自己请的鼓，叫作"坐堂鼓"，它的功能，负责在灵堂外迎接前来吊唁的亲戚。一种是死者后家人请来的鼓，叫"后家鼓"。还有一种以姑娘、姑爷的爹妈相称，在老人升天时由对方请来的鼓，叫"亲家鼓"。在村子里，家族大的，还有一拨鼓，是家族间请来的鼓，叫"家祭鼓"。无论哪一种鼓，到了灵堂前，必先在灵堂门口跳一套《双龙抱柱》后，以《蛇蜕皮》进入灵堂。如果死者是男性，跳鼓的人需从左边进入。如果死者是女性，要从右边进入，绕棺材舞一周，然后退出灵堂。表示对死者的悼念。到了出殡那天，"坐堂鼓"领先，"后家鼓"跟在其后。紧接着跟上的，就以字辈的大小

① 四筒鼓在民间表演
② 洒渔河畔的矮桩四筒鼓
③ 高山雪地上的高桩四筒鼓

而排列，井井有条，前后左右在灵柩的周围跳鼓。一直跟着跳到送丧的人招灵后，鼓舞才散。

在民间，类似于这种舞蹈的还有很多种。比如龙舞、狮舞、高跷、金钱棍、板凳舞以及新中国成立后传进来的腰鼓、秧歌。而最特别的要数傩戏，在民间的叫法是端公戏，极富特色。傩戏剧目主要分为法事、正坛、耍坛三类。法事多是酬神、驱邪等祭祀性的表演，正坛剧目是庆坛中的主要项目，多掺杂与巫道有关的人物和事件，以及某些神话故事情节，耍坛剧目则多取材于演义、民间传说唱本及农村流行的笑话。早年由四川、湖南、广西、江西等地迁徙到昭通定居的人带入。这种戏法在乡下常用，只要有人家有了不顺心的事，就会请端公用桃木、柳木或者杨树精心雕刻、认真彩绘，塑造出自己心目中祛病除魔的神仙面目。端公的祭祀活动分为阴事和阳事两大类。阴事专指丧葬祭祀，是为"殡天"者做的。阳事是为活人

做的，酬神驱鬼、禳灾驱邪、求吉纳福。而阳事只在农历立冬后至次年立春前这段时间进行。因为民间有种说法，立冬前和立春后这段时间做阳事，称为"桃花坛"，犯忌。端公在做法事的时候，就把这种木制面具戴上，扮作驱鬼逐疫的神魔形象，其造型生动传神，各种形态，丑和美、滑稽和恐怖的面孔轮番登场，以戏剧形式表现与祭祀相关的情节内容，使得整个场景和气氛充满神秘、搞笑、虚幻和魔幻的色彩。

无论哪一种舞蹈，在民间或热闹，或社交，或表现民族传统与教育，或者强身健体，都对人们的文化生活起到积极的作用。

当然，少数民族就更不用说了，比如苗族的芦笙舞。芦笙，是苗族人民最喜欢的一种簧管乐器。相传是祖先伏羲女娲所造。苗家儿女不仅把芦笙作为本民族的代表物，往往还把舞蹈、武术、音乐、体育和杂技等与之融为一体，使灿烂的民族文化大放异彩。芦笙大小不一，管数也不相同。单管、双管，甚至十管均有，以六管最为常见。芦笙舞节奏明快，进退有序，由简到繁，粗犷热烈。一般分为自吹自跳和男吹女跳。表演者无论到哪个高难度动作，自始至终笙声不断、动作不停，似歌似舞的，一直是节日或者生活中的重要内容。

苗家女

芦笙舞

其实，苗族除了舞，还有歌，在民间有一种音乐，他们称为古歌，也有人称为酒歌。根据演唱的内容和场合，大体分为两大部类：第一类称为"开天辟地歌"，也称"创世史歌"，主要内容包括"磨天碾地""制天造地""犁天耙地""夯天拍地""铸日造月""射日杀月""斩雷擒龙"以及五谷、金银铜的来源等。第二类称为婚姻嫁娶歌，主要唱述苗族婚姻礼制的形成以及与嫁娶有关的传说等。大致的内容有"迎亲歌""回土神歌""天黑歌""洗脚歌""吃新娘饭歌""天明歌""起程歌"等。

当然，说起歌，汉族的山歌也很有特点。汉族山歌歌词除了历史传承下来的以外，大多现场即兴而作，内容都与现场的人、事、物分不开，大量采用比兴手法而灵活多变。可以直抒胸臆，有谈情说爱的，有提问追唱的，有赤裸直白的。在唱法上，有独唱，有对唱，也有群唱。调子以宫商调为主，传唱自由，或高亢激昂，或平缓抒情，或沉重悲壮。特别是在山野或者田间地角，唱起来，很有一种自然和人文的味道，带着狂野和人间的嘶吼。

但是，如今很少有人再唱，只有一些在山区放牧的人，他们偶尔还对着青山吼上几嗓子。

在山上，有山歌，民间有一种说法，站在哪山唱哪山的歌。其实说明的是，虽然山歌一样，但是，调子未必相同。也就是一方水土养一方人，各有各的习俗。

在生活中，还又有唱书。这是汉族独特的一种曲艺形式，至今已有150多年的历史。这块土地上的唱书，演唱活动一般在农历正月春节和农闲季节。闲暇和婚丧嫁娶时也有唱的，但内容和唱腔有严格的区别。办婚事时多唱歌颂美好姻缘和坚贞爱情方面的内容；办丧事时多唱忠孝节义、伦理道德，唱腔悲切忧伤，专曲专用，称孝歌。昭通唱书的形式简便，一人讲唱，以唱为主，无须乐器伴奏。特别是唱孝歌时，拖声曳气，苍凉厚重。

还有一种更值得追溯的，是洞经音乐。洞经音乐是带有民间宗教色彩诵唱演谈形式的音乐，含有不少祭仪成分。其价值最高的是由乐器伴奏的音乐部分。昭阳区这块大地，就是如此神奇。洞经音

❶ 五星苗寨的芦笙舞
❷ 隆重的苗寨迎宾仪式
❸ 昭通唱书

虽由中原传入，但在几百年的流传过程中，不断与本土音乐融合，形成独特的风格，既有道教音乐的飘逸、洒脱，又有江南丝竹的柔美、抒情，更具有本土俚曲的欢快、活泼的特点。音乐一起，直击内心，有一种能与人的灵魂沟通和碰撞的魅力，让人入神。

还有一种手上的艺术，也极具特点。在昭阳区大地上，在大自然里，无论是树根、石头，还是其他，通过匠人的手，就会创造出很多艺术价值极高的作品。比如根艺，它的独特其实来自于自然。再经过人手的加工后，创造出一种美感，美得传神。一根朽木，经过加工后，就变成了艺术。并且，素材多，质量好，创作队伍庞大。经过艺术加工后的根艺，其产品，闻

名海内外，销往国内 12 个省市与国外 9 个国家，是全区一项经济效益、社会效益和实用价值都非常高的民族文化产业。这些作品，曾多次参加国家级和省级的根艺作品展，并在东南亚 9 个国家参展。获国际荣誉金奖 1 个，金奖和银奖累计几十个。昭通根艺得到了大家的赞赏、社会的认可，为昭通人民争了光、添了彩，同时也丰富了地方的文化艺术生活。

与此同理，石头也成为一种艺术。金沙江奇石也成为人们生活中收藏和把玩的一种艺术品。

更有生活中实用的，比如羊毛披毡，是用地方盛产的羊毛，通过加工后，披在身上，雨雪淋不湿，寒风穿不透，既温暖又防水。蝴棉也是如此，采用天然蚕丝制作，可以加工成枕头、被子，具有优良的保暖、透气、吸湿、柔软等特性。

当然，苗族蜡染制品，也是这块土地上的一种民俗工艺品。颜色鲜艳，花纹奇特，种类繁多。各种图案的制作，既有文化传承，也有创新和创造。比如每个图案可以反映一个故事，或者对未来美好的追求，是民族工艺中一道特别的景观。特别是他们的服饰，用纯手工精心制作，所用面料多用白色麻布或棉布，先经过蜡染、刺绣等工艺加工，再裁制成衣裙。所制服装色彩艳丽、五彩斑斓、古朴典雅、美观大方，图案以流水、花草、虫、鱼、飞禽及几何图案为主，在国内享有极高的盛誉。在 1983 年的时候，昭通民族服装厂生产的苗族花衣，就曾经被选送北京民族文化宫陈列。

色彩斑斓的，还有彝族的服饰。手工制作的服饰独特、朴实又美丽。图案的装点，也大多是自然崇拜，或者生活习俗。据说其款式有三百多种，在整个中国少数民族中，首屈一指，为中国民族服饰之冠。在昭阳区葡萄井，彝族历史上的"六祖分支"事件，据彝文文献记载：大约春秋末期，一场洪水过后，彝族人曾分成六个部落，由始祖阿普笃慕的六个儿子带领他们向不同的方向发展开去。根据彝族现有服饰的地域传统、色彩、质地、式样、着装习惯、服饰工艺等信息，有学者根据六祖分支的线索和现实的情况，进行概

昭通留下的洞经音乐

苗族传统手工蜡染

括,将各地彝族服饰粗略地划分为乌蒙山型、楚雄型、凉山型、滇西型、红河型、滇池及滇东南型六大类型,以便从千差万别的现象中了解其概貌。其中乌蒙山型,本型服饰过去多以毛、麻织品为主,现多用布料,色尚黑,多为青、蓝色。其基本款式为大襟右衽长衫。女服盘肩,领口、襟边、裙沿有花饰。

还有回族服饰,与其他少数民族服饰有着很大的区别,图案上很少见到人物、动物、鸟虫的形象,而花卉图案与阿拉伯文字图案则是回族服饰最常用的纹样。回族服饰最大的特点是,头饰最为显著,男子普遍戴白色无檐小圆帽,也称礼拜帽或回民帽,是做礼拜时戴的,现在平时也戴,有的在帽上还绣有阿拉伯文吉祥语。它既有保暖的作用,还具有圣洁高尚的含义。女子戴红、白、绿盖头,戴披搭式巾帕,巾帕前端遮至下巴,后面披垂于肩头。有"青丝不见青天"之说,这是穆斯林妇女的一种传统,故多以面纱、披巾蒙面遮发。回族服饰崇尚的是白色,如白衬衫、白帽子、白色盖头等,这是宗教信仰所致。还有黑色、蓝色、绿色也是回族人民喜爱的颜色。

时代走到今天,尽管有各种机械和技术加工。无论是根

艺、石头，还是服饰，所有经过现代化加工的产品，好看但是轻浮，与传统工艺相差甚远。更多有艺术价值的，还是来自于手工。

另外，人的需求中，昭阳区的美食，具有独特的风味。他的独特，在于食物里不仅有着祖先的味道，还有着云贵川三个大省的风味。说三个大省的味道，是因为这块土地的地理位置和特殊区位，正处于川滇黔渝接合部的核心地带。

当然，也有独特的最本土的小吃，比如稀豆粉、油糕、炸荞皮、饵块。这些小吃既美味可口，又物美价廉。稀豆粉，其制作简单，用豌豆磨成面粉，熬成糊状即可。淡黄的颜色，一股自然的清香味就扑面而来。未进嘴，口水就先流。一般人们当作早餐，如今很多餐馆当作了道菜。当作早餐时，在昭阳区，人们喜欢拌油糕和炸荞皮，再撒上一点盐巴、葱花、辣椒粉、花椒粉食用。无论哪一种吃法，都十分的美味可口、香脆宜人。油糕制作也简单，就是洋芋煮熟后切碎，薄薄地铺一层在勺子上，放在米浆水里滚一转，再放入油中炸至金黄后捞出。咬在嘴里，咔嚓咔嚓清脆的响声和香嫩的味道，从舌尖弥漫进心扉。人们所吃的早餐是比较丰富的，比如各种米线、酸辣饺面、回族油炸的糯米粑粑等小吃，都是既美味又营养的食物。

其实，除了制作成稀豆粉，豌豆还可

❶ 古法织布传承中
❷ 学纺
❸ 彝家少女

以制作成凉粉，是一道唇齿留香的菜，也是人们可以当作顿来吃的一种主食。酸汤一泡，调料一加，清口水就汪起来了。至于制作成炸荞皮的荞麦，吃法更多。它含有丰富的矿物质、各种氨基酸和维生素这些营养不用多说。光就做法目前出来的产品可以分为七大类三十九个系列品种。比如，可以制作成为荞原粮、荞米、养生荞茶、荞精粉、自发粉、荞面条、荞米线、水果型苦荞脆片、螺旋藻苦荞颗粒、蜂胶苦荞颗粒、胡萝卜苦荞颗粒、牛奶苦荞颗粒、葛根苦荞颗粒、苦荞精速溶冲剂、苦荞养生粥、荞壳枕头等等。当然，燕麦也可以制作很多其他产品。这块土地上的气温、雨水、空气造就了这种天然的产品。

用这土地上生长的农作物研发出来的产品，部分曾经获得"国家专利技术发明奖""国家科技成果进步奖""中国国际专利与名牌

回族盖头

博览会金奖""全国食品行业、质量放心、国家标准合格产品""消费者喜爱的云南食品"等荣誉称号,产品注册商标"大山包"是云南省众多苦荞生产企业中唯一一家"云南省著名商标",成为地方知名品牌。目前,生态荞麦系列产品除在云南销售外,重点远销北京、大连、上海、广州、香港等城市,并远销日本、韩国、俄罗斯等国际市场。

作为生活中的食物或者调料,入口都具有独特的味道。比如昭通酱,在昭阳区既是人们习以为常的调料,也是人们离不开的一种食物调料。在民间,每家都是自己制作,称为"下酱"。据史籍记载,昭通酱早在西汉时期就已有生产。它的制作方法并不复杂,用黄豆先炒熟,至脆酥的状态,再拿去打成细面。然后,用水浸透,搅拌均匀,达到捏成坨状的时候就可。接着再发酵一到两个月,就拌以食盐、辣椒、花椒、八角、茴香、草果等作料,再次加水搅拌就成酱了。在生活中,人们打蘸水,或者吃洋芋,都喜欢用酱,微微的香辣味满嘴跑,让人不由得食欲大增。

还有一种干腌菜也是生活中的美味。一般用青菜腌制,再经过晒干,就成了随时可以拿来做菜的方便食品。可以煮酸汤喝,或者煮酸菜红豆汤,或者煮洋芋丝,看见就会让人口舌生津。腌制的还有血豆腐和火腿。血豆腐是汉族在杀年猪的时候,将压制好的豆腐捏细,拌以刚宰出的猪血,做成坨后晒干。蒸吃或者炒吃,味道极美。当然,火腿更具特色的不光是腌制,是腌制好了用烟熏。用柏枝或者松枝烧火的烟子熏出来,切

❶ 昭阳风味小吃稀豆粉
❷ 昭阳风味小吃油糕

❶ 回族小吃搓荞面
❷ 苦荞系列生态产品

开香喷喷的味道就散发出来了。如果时间长，比如三两年的老火腿，不用煮熟，直接削片就可食用，满嘴的香味沁人心扉。

　　缠绵在老百姓舌尖上的口碑，肯定是通过长时间考验才留得住的。昭通百年老字号月中桂糕点厂的绿豆糕就是老百姓心中的传统名牌。自清代以来，代代相传，凭着精湛的制作，素以色、香、味俱佳而著名。其外形典雅大方，色泽鲜润，在嫩黄淡绿相间中而相映成趣，中间夹以紫色豆沙，颜色柔和悦目。食用中，松软细腻，甘凉香甜，味美适口清香绵软不粘牙，回味悠长，令人有轻松舒适之感。尤为重要的是，月中桂糕点厂在绿豆糕精制过程中，保存了绿豆所含的糖料、脂肪、蛋白质、烟酸及多种维生素等营养成分，又用名贵中药

姜黄着色,至今仍然完全符合营养学的要求,既有益于人体健康,又有助于降低血压、预防中毒等作用。

月中桂绿豆糕,限于产量等因素,表面上仅在本地销售,其口碑虽然仅是昭通的地方名特,却带到全国各地,甚至被带往境外。

穿梭进回族同胞相对较为集中的很多街道,很多铺面内都陈列着一大壁牛干巴,让人产生想买想尝的冲动。那就是昭通穆斯林群众特有的牛干巴,采用优质良种壮黄牛,草原放牧,纯天然精料喂养,在特殊的气候环境中生长,吸取日月之精华,其肉质鲜美、营养丰富,在寒露时通过长达40多天腌制而成,是现代人所追求的纯天然的高蛋白、低脂肪的健康时尚食品。昭通素有饲养菜牛腌制清真牛干巴的传统手工艺,入冬,专门饲养的菜牛,按照传统习惯都由阿訇下刀,经放血、剥皮、开膛、分前、后

苦荞茶

❶ 两半截上挂,然后顺着肉缝,剖成24块"骨施特"(即净肉),并将割下的肉铺在通风处凉透,再进行腌制。菜牛部位分镰刀、火扇、外白、里脊、肋条、胸子、墩子等,而以墩子为上品,肉质细嫩、宜煮宜煎,而油煎最为可口。腌制牛干巴时,将没有洗过的新鲜牛肉加盐和香料、花椒粉之类,在簸箕上用力反复搓揉,一般是先揉肉厚的,后揉薄的,每100公斤牛菜用食盐3—5公斤,然后置于瓦缸,放于阴凉处,按肉厚薄先后放进瓦缸里,然后用木盖和麻布袋把缸口密封。牛肉腌制15—20天后,取出晾晒。晴天早上晒出,下午收回,并按肉的薄厚,展平堆放。在簸箕或大木桌上,薄肉在下、厚肉在上,层层压平。30天左右,晾晒过程就完成了。由于牛干巴味道鲜美可口,易保存携带,食用方便,因而,颇受广大群众喜爱。

一个地方有一个地方的水土。它的农作物，虽然叫同一种名称，事实上不同的水土有着不同的风味，生长的东西，味道相差甚远。比如声名远播的昭通苹果，因为昭阳这块土地上，得天独厚的气候资源和自然环境，生长的苹果肉质细脆、汁液丰富，成熟期在每年的7月到10月几个月时间里。特别是晚摘的苹果，刀子一切开，内含蜂蜜似的汁液，香甜可口。

上帝似乎特别给予这块土地极大的恩惠。每一种食物，无论从生长到食用，都具有独特的地域特色和风味。

❶ 昭通酱传统制作工序——露
❷ 昭阳独有的牛干巴

第三章
黑颈鹤擦亮天际线

乌蒙高原的雄和奇，在于它的伟岸和灵性，犹如上帝赐予人间的神迹。四季的清风，吹过这块古老的土地，奔腾不息的金沙江水，仿佛一架无弦的千里鸣琴，在横断山脉里奏出万古的乐声。风雪高原上，牛羊混迹，有鹤从遥远的天际飞来，带着生死相依、不离不弃的爱情，成了鸟类最绝美的诗、最壮美的画，成了动物的千古绝唱。果实，粮食，万物的精华荟萃，集中在这雄浑的高原。它存在，却不显山露水，它静谧宁和，却繁华翻飞！

秋城团转大山大水

> 一山一水一白云，装点着这块大地。平地，高山，河流，云朵，在这乌蒙深处，构成一幅美好的自然画卷。

昭阳区在乌蒙山深处，或许，谁也不曾想过，那么高的山中，会有一条奔腾不息的金沙江。可以这么说，金沙江是一部无字的浩瀚书卷，是一个向天穹敞开的大地画廊，是一架无弦的千里鸣琴。

时间古老，这条河流也古老。它不知存在了多少年，在横断山脉里劈出巨大的海拔落差，抬头望去，四面峰峦隐天蔽日，重峦叠嶂望不到尽头。金沙江滋养了一个个高原民族，冲击出层层叠叠的文化邦城，让一片水土上的子民在心灵深处打上了它的烙印。如果站在江边，两眼凝望刀削斧砍的山崖、怒吼的江水，自然而生一分敬畏。粗犷雄浑、险峻幽深的大峡谷，水流、岩石色彩丰富，相互映衬，雄奇、俊俏、壮观的风景令人惊叹不已。

金沙江因产金沙而驰名中外。在西汉以前，它直端端地流，称为"绳水"。因其水势汹涌浩大，又叫"淹水"。由于两岸风光旖旎，金沙江是一条雄奇彪悍的江，秋夏像一个脾气暴躁、怒气十足的男子；冬春稍微收敛一些，显得西装革履、温文尔雅。它发源于青海高原唐古拉山脉北麓的格拉丹冬雪山西南侧，流经青海、西

藏、四川、云南4省（区）。在昭阳区，金沙江经过五莲峰山脉西侧的炎山和田坝乡23公里。金沙江岸陡流急，全长3464公里，天然落差5100米，是我国最大的水电站富集区。水能条件之优越为世界所少有。

地处金沙江沿岸的炎山、田坝、大寨子和大山包四个乡被称为昭阳区的西凉山，面积约四百平方公里，人口六万余人。西凉山山势雄伟、风景秀丽，地虽偏僻，但灵气四溢，各项事业蒸蒸日上，是一块尚未开发的热土，蕴藏着无穷无尽的旅游资源。江畔稻花飘香、蛙声唱和，炎山沿江篝火熊熊，古渡夕阳江村唱晚。手摸西凉山，可仰望巧家药山，听金沙江日夜不停的涛声，品尝一山有四季、十里不同天之横断山风味。可到大山包观鹤，到龙云、卢汉故里探秘，到大寨铁池看彝家山寨，到田坝俯瞰牛栏江。大自然万千年的造化陶

晨风吹拂的村庄

冶，给西凉山人存积了无尽的财富，铸造了西凉山人坚忍不拔的山一样的性格。

西凉山俊美。到过这里的人，往往不再去留恋所谓的名山大岳。数万年无声息的江水切割，早已把这里的岩石穿透得雄奇险胜、鬼斧神工。站在海拔三千多米的鸡公山上俯瞰海拔六百多米的牛栏江，伟健刚毅的牛栏江如一条白金项链，逶迤向东飘去。金沙江的蜿蜒曲折正诉说着西凉山万年的变迁，它粗犷的美正是西凉山

蛟龙出山

汉子的象征。西凉山的大山大水，给人一种霸气，一种强悍、雄壮，笑傲天下的王者之气。夕阳西下时，远山如黛，金江如带，万千阳光溅射在鸡公山上，四周群峰俊美，山川开朗。正是大自然亿万年的风化侵蚀或鬼斧神工，才造就西凉山的山峦连绵、巍峨俊俏、怪石丛生、秀丽雄伟。走遍西凉山，人们会发现：炎山松乐村独具特点的山形地貌，似"仙鹅抱蛋"的山型，有龙云故居，大沟村有神秘的"冰洞"，屋角村有神奇的

"溶洞",大沱村有沙滩、奇石,还有金沙江峡谷风光,及小田村横跨金沙江单孔跨度居亚洲第一、世界第二的通阳大桥。炎山已成为昭通名副其实的西大门,成为联系滇、川两省的桥梁。

西凉山水秀。被寒冷和雾气笼罩的大山包高原,竟会神奇地生出一潭绿汪汪的清水,在地图上被称为跳墩河水库和大海子,她是炎山、田坝的命脉之水。鹤以水兴,水以鹤澄,黑颈鹤每年九月九从数万里之遥的西伯利亚来此过冬,次年三月三再从这里飞走,在此停留半年时间。水因鹤而名,这些翩翩起舞的精灵们,把大山包的水点缀得光彩照人,名扬海内外。

西凉山云幻。从鸡公山到锌厂沟海拔高差约 2800 米,可谓一山有四季、十里不同天。气候变化多端,呈现了生物的多样性。西凉山的云,有时浓黑,有时漂白,有时勾边。云就像披在山上的羽毛,在群山沟壑中飘移。若是雨季来临,云就有了创意,先是浅浅的、淡淡的,后来是灰灰的,然后逐渐加重,成了墨的团块。那团块越来越厚重,云承受不了,雨就来了。下过雨的云,薄了,轻了,漂白了,秀美了。最妙的是昭阳区城区或坝区乌云密布、黑云压城,在西凉山却是艳阳高照、纤云邈邈。勾边的云最美,一会儿勾出山峦的轮廓,一会儿又勾出河流的模样。当然,那山、那河都是金边的。徒步从山顶走到金沙江边,展现在眼前的魔幻般的彩云让人流连忘返,犹如仙境般美妙,注目静思。海虽是云,但是望着云海,坐在山尖,你会忘却一切烦恼,忘记喧嚣的城市,忘记痛苦的记忆,那一刻心虽波涛汹涌,却带有一份宁静。

西凉山人杰。雄伟的江山孕育了英雄人物,英雄人物为雄伟的江山增加光辉。常年在闭塞困苦的山区生活,练就了西凉

❶ 金沙江晨曦
❷ 金光辉映云海涌浪

❶ 云压群山
❷ 爱国将领龙云故居

山人不畏劳苦、进取奋发的性格。西凉山人一直以龙云和卢汉为骄傲，龙云、卢汉均系炎山乡人，系表兄弟，他们从咆哮的金沙江走到古城昭通，再从昭通走到昆明，凭着一身胆识及赫赫战功，入主五华山，成为一代非凡人物。1937年，"卢沟桥事变"后，时任云南省政府主席的龙云主动请缨抗战，组建"国民革命军陆军第六十军"四万余人，交由军长卢汉率领出滇抗日。参与了中条山之战、徐州会战、武汉会战等，为国家民族做出了重大贡献。六十军血战台儿庄，英勇杀敌，数万壮士血洒疆场，更是家喻户晓，为国家和民族做出了贡献。龙云、卢汉生于斯、长于斯，成为西凉山人的典范，成为乌蒙人津津乐道的人物，桑梓父老，莫不以此为荣。

一个地方有了水，这个地方就面色滋润，就郁郁葱葱。而在乌蒙高原这块红色、神奇而充满着无限魅力的热土上，山灵水秀、景象万千这些词语，不只是让人们想到，而是实实在在地存在于这方土地上。

除了江，还有水库。渔洞水库的存在，使这里的磅礴群山充满了神韵，使这里的空气变得清新、湿润，使昭阳这块热土充满魅力。这片土地就因有了渔洞水库的滋润而得以富饶和骄傲，自然风光因它的存在而更加绚丽多彩、美丽动人，人们居住的环境，也更加优美舒适。渔洞水库这样浩大的工程，在乌蒙高原上的昭阳区境内展现，是壮观的，是令人欣慰的。渔洞水库的整个景象就是山水相连，山水一体，形成一道美丽无比的景观。特别在早晚，群山峰峦，常常流岚缭绕，云蒸霞蔚，蔚为壮观。

这是智慧的人们，将自然的归还了自然；这是勤劳的人们，将水归顺于水。在一个地方，有了水的流淌，有了水的滋润，那生活就永不枯竭、生生万物，就有着天大的福分。在一个地方，有了水的存在，就有了万物的命脉所在。因为水，滋润了万物，因为水，哺育了生命，因为水，创造了文明！地球

上的一切，无不在沿着水的存在和流淌而不断地诞生，随着波涛的起伏和激情而不断地发展、革新。

坐落在滇东北高原上的渔洞水库，位于长江上游金沙江流域横江水系洒渔河正源的居乐河上，其大坝就在居乐河的尾端。从昭阳区的牛角湾出发，顺着牛洒公路行走23公里，就可到达渔洞水库。它的地理坐标在东经103°19′~103°32′、北纬27°10′~27°34′之间。它的海拔高程在2000~3000米内，水系发育，河谷深切，相对高差一般在200~600米，形成高山深谷相间的地貌景观。走过了宽阔的洒渔坝子，就看到了绵延不绝的群山，走到了渔洞的山顶，就会看到渔洞水库壮美的大坝，那是茫茫群山的环绕。在水库大坝的前方，有一条河，一条两旁都是垂柳依依的烟柳河。这条河流，就是洒渔河，其水源远流长，像一根生命的血管，流经大关河、白水江、横江，然后又汇入波涛汹涌的金沙江。只要从昭阳城区到洒渔大桥，就可以看到这条河。在它的两岸，都有着青青的垂柳，婀娜

渔洞水库

多姿地映在河里，美妙绝伦，直抵渔洞水库的出口处，令人赏心悦目。

这是水的悠长，在大地上流淌，生生不息！洒渔河的水，就是从渔洞水库里流淌出来的。在渔洞水库的大坝脚下，只要走到渔洞的坝脚，你就会听到，那哗哗的水声，逶迤地奔流着、穿越着、响亮着。像一首充满着激情和生机的歌曲，嘹亮，铿锵有力！总是带给人精神，带给人力量。走到这里，你环顾四周，人就像走进了经典音乐的旋律，就像走进了历史明丽的画卷。仰望巍然屹立的大坝，你就会被它的雄奇、壮美的气势所震撼、感动、折服。

除了大坝，还有更为独特的天然景观，是在渔洞的库区里。综观全景，87米高的大坝巍然屹立。清风徐来，13.6平方公里的水面碧波荡漾，使得这里的空气明净、湿润。整个库岸，又随着周围山势的绵延起伏，显出一种别致的曲折、幽深而错落有致的图景意象。在水库中，还有数个山头露出碧波荡漾的水面，山头上的林木苍翠秀丽、深邃幽静，在清澈的水面上，映着群峰的倒影，如同梦幻般的仙境。

站在岸上，湛蓝的天空及群山，映衬在碧波荡漾的水里，幽深邈远，

天蓝水碧，峡谷俊秀，烟波无垠。从而形成了另一道山水相映的独特的自然景观，一道极其亮丽的风景。整个库区湖光峰影，绚丽多彩，雄伟壮观。面对这样伟大的自然，你会无限感慨这些美丽的自然风光与规模宏大的现代化建筑融为一体的精致，你会感到一种生机勃发的自然景象的壮美。

水使生命蓬勃，使昭阳灵秀。只要走进渔洞，置身其中，就足以让人神气荡然，足以让人魂牵梦萦、流连忘返。站在大坝上，你会看到这里的天很高、很蓝，这里的风很微、很柔。站在大坝上，会让你产生这里虽不是仙境，却胜似仙境的美妙感觉。渔洞水库的灌溉，不但对于近水的洒渔坝子这个地方，就是昭鲁坝子的水利化程度，也得到飞速提升。这些被灌溉的土地，在渔洞水库乳汁般的

洒渔河一线冷水河

润泽之下，变得滋润和充满活力。此外，还供给人们饮水，成为一个旅游休闲的好去处。在大坝的坝脚，长有叶片宽大的梧桐树，绿茵茵的樱花树，还有那些灌木丛、杂木林，都显得生机勃勃、郁郁葱葱。大坝延伸到轮船泊位沿库堤的空地，已开辟成花园，草地绿树，石桌石凳。站在那些栏杆外，凭栏眺望，你会找到一种登高望远的美好感觉。你会真正地感受到真实的自然。

在昭阳区，游了壮美雄奇的大山包，看了高原精灵黑颈鹤，欣赏了风光秀丽的渔洞风景，也不能忘了爬爬凉风台。凉风台位于昭通昭阳区东北部，海拔3152米，仅次于巧家药山和大山包的高度，为昭阳区第二高峰、昭通第三高峰。站在山顶，可将昭阳全城收尽眼底。

登凉风台不是特别艰难，一个一个的小山包平平缓缓地排开，沙地上有许多黄色、紫色、米色的小花开放，绿色的小草

大山包云海

浅浅地生长着，一些灰色的石头被塑造成神秘多姿的形状，安安静静地躺在沙地上，作为背景的则是一片一片的杂木林，是一个个土墼瓦房的村落，更远处是重重叠叠的山脉。到了凉风台，凉风大，嗖嗖嗖地叫喊着。凉风台上面架着电视转播塔。举目四望，乱山中残阳泼血，平日里高高在天上飘动的云朵从脚下升起来。周围的山峰连绵起伏，故乡亲切的山山水水，都匍匐在了脚下。在山地映衬下，天空的深度，开始显现了出来，人的视线更加广阔、深远。

凉风台看日出别有一番韵味。凌晨，空气中弥漫着淡淡的杜鹃花的清香，四周浓重的露水打湿了人们的衣角，双手虔诚地放在胸前，双眸望向东方的丛林、山脉、河流与寂静的大地。脚下的天边慢慢地呈现出一线浅浅的灰蓝，并慢慢地在扩大它的范围。太阳快要从那个地方升起来了，便目不转睛地盯着那里。瞬间，在那个地方出现了太阳红红的光，她露出来小半边脸后，一会儿就被一团乌云遮住了，群山再次沉入黎明前的黑暗。很快，太阳像

❶ 渔洞樱花惹人醉
❷ 山花浪漫大坪子

一个负荷沉重的老人一样,慢慢努力上升着,终于把那团黑黑的乌云染成了一片绣着五色金边的锦绣。最后,终于冲破云霞的枷锁,刹那间,这个深红的火球,把第一线晃人眼目的光,像透明五彩的金鱼儿一样向人们射过来,似乎还湿漉漉地带着晨露的清新,照得人眼睛发痛。这个太阳上升很快,越来越大,饱满圆润,不断地让周围的云有了无数光彩。它几乎是跳着跑着爬上了山,最后像个红气球一样轻灵地飘到了天上,冉冉照亮了整个东方的天空,整个空间都处于五彩灿烂的光线中。一转眼,太阳却变成了普通的黄色,眼前绚丽多彩的风景消失了。

昭阳秋韵

要去凉风台，必然要观赏杜鹃花。相约杜鹃花海，陶醉旖旎风光。端午前后，在去凉风台的路途上，经过素有"杜鹃之乡，魅力龙洞"之美誉的小龙洞乡的宁边村，那里万亩杜鹃怒放，一片花海，好不热闹。万亩自然野生杜鹃林，于每年4月底到8月中旬竞相怒放。景区山上万亩杜鹃竞相开放，山下万亩草场放飞驰骋，颇有奇趣。杜鹃花，又称山踯躅、山石榴、映山红，系杜鹃花科落叶灌木。全世界的杜鹃花约有900种。中国是杜鹃花分布最多的国家，有530余种，杜鹃花种类繁多，花色绚丽，花、叶兼美，地栽、盆栽皆宜，是中国十大传统名花之一。宁边景区内杜鹃花品种有5类，分别是大叶杜鹃两种（包括白色和粉白色两种，叶片略有不同）、滴血杜鹃（学名似血杜鹃），紫色杜鹃（又名映山红）、小叶粉红杜鹃（形似野枇杷）。白色大叶杜鹃花本地人称之为木耳花，由于花形俏丽，被誉为"花中西施"。此花在昭阳区独有。五彩缤纷的杜鹃花，恰在怒放季节，满山鲜艳，像彩霞绕林。

在昭阳区数得着的高原地带，还有大坪子，也颇值得观赏。大坪子这一地名，来自于地形。因昭阳区靖安镇是山区乡镇，172平方千米的属地内山高林密、河流纵横。最大的河是洒渔河，河流两岸形成了一个坝子，东西阔约三千米，南北长约十千米。最高的山是弹子山，海拔3198.4米。弹子山峰

顶下东南方两千余米的山顶上的村庄就是大坪子村,是靖安乃至昭阳区最高的山村之一。村庄四面高山环绕,其东、北、西三面均为陡峭的悬崖,唯向南一面稍微平缓,可驾车蜿蜒而上,是大坪子村唯一的通道。

到大坪子,在海拔三千多米的山峦上看杜鹃花,依然如凉风台那样艳丽无比,风景如画。6月前后,正逢杜鹃花儿怒放,花红叶绿,松萝轻舞。纯白的、粉红的、火红的杜鹃花,或迎着艳阳,或躲在叶间,或在树梢,或在叶下,迎风招展,极尽艳丽,张扬着蓬勃的活力。

❶ 秋意

❷ 人间仙境

冬天看雾凇是大坪子另一佳景。冬天，特别是夜间，浓重的大雾排山倒海地涌向山巅，与突如其来的降温相遇。一夜之间，原本黑森森、了无生气的树木穿上了洁白的衣裳，枝条上缀满了白的花、银的果、金的叶，枝头银菊绽放，遂成了"乱花渐欲迷人眼"的雾凇美景，在晨光的映衬下显得婀娜多姿，反射着五光十色的世界。"树挂"，一棵棵，一团团，一簇簇，晶莹剔透，一排排白色"树挂"，随着晨风倾情地摇曳着，相互依存、相互陪衬，白的更加洁白，绿的更加碧绿，每一个枝杈都被雾凇装点得十分秀丽。松针变成了玉针簇簇，枝条变成琼丝根根。高高的树干如同洁白无瑕的擎天支柱，迎风挺立，傲然不动。每一支树杈如同被披上白色的羽毛，微风吹动，如同用微笑和点头迎合着人们观赏，也仿佛在向人们诉说着她此时的神圣与美丽。天地间再无他色，满眼尽收沁人心脾的银白。它的美，是严冬完整的美，一针一枝都蕴含着"银装素裹，分外妖娆"的诗中真情。近午时分，太阳升到高空，松树上的"树挂"开始慢慢地跌落下来，银色的雪片迎风飘舞，像一挂雪帘垂于碧空之中，让人惊叹于这人间仙境。

一山一水一白云，装点着这块大地。平地，高山，河流，云朵，在这乌蒙深处，构成一幅美好的自然画卷。

虹桥飞架鸡公山

酸酸甜甜的人生况味

> 昭阳盛产水果，一年四季瓜果飘香，苹果尤为知名，有苹果之乡美誉。苹果，堪称全球"水果之王"，而昭通苹果，又可堪称"果王之王"。

洒渔河观光苹果

世上有一种风景，它们以奇特的自然景观和独特的人文历史展示自然的奇迹和文明的痕迹，它们以绝世的另类语言和目光，阐释自然、生存、文明、和谐的独特含义。

昭阳独特的高原季风立体气候，温度、光照、降水等条件的差异，造成了许多区域性的小气候，这使得昭阳的土特产种类十分丰富。昭阳盛产水果，一年四季瓜果飘香，苹果尤为知名，有苹果之乡美誉。苹果，堪称全球"水果之王"，而昭通苹果，堪称"果王之王"。

昭阳洒渔，是"昭通苹果的发祥之地"。一到秋天，满山遍野，红绿辉映，果香四溢，有如醇蜜，令人陶醉。绿叶丛中，常常闪现出一张张清秀的面容，或红或绿或粉，那就是昭通苹果。什么昭锦红富士新红星，什么秦冠世界一乔纳金，什么双帅红元帅金帅等数十个优质品种，无不眉清目秀、天生丽质，无不各具情态、端庄典雅。高原独特的阳光和土壤，造就了昭通苹果独特的气质，它们着色匀称，清秀鲜艳，汁液饱满，肉质细腻，酸甜适度。随手摘一个昭通苹果，放到唇

边，香气袭人，轻轻一咬，清脆可口，汁液闪亮，香在口里，甜在心上。

昭通苹果，从单一走向丰富，从单纯走向成熟，从零星走向规模，目前昭通数十万亩的优质苹果生机勃勃，已成为东南亚重要的苹果产区。它以出类拔萃的品质，走出国门。看惯了不同肤

色的面孔，听懂了不同国籍的语言，登上了不同民族的餐桌。这得益于这块土地得天独厚的高原坝子，气温、雨水、土壤，皆是苹果生长的最佳因素。早中晚熟苹果交替，延长了苹果在市场上展露丰采的周期，使众多的人对昭通苹果垂爱不已。

昭通苹果酸甜适度，清香怡人。早在20世纪70年代，昭通苹果的形象大使——洒渔苹果，就成功进入国际市场，销售至中国香港及东南亚地区，深受欢迎，好评如潮。

营养专家认为，苹果含碳水化合物、苹果酸、柠檬酸、胡萝卜素、维生素B、维生素C等，营养丰富，而且富含锌元

❶ 苹果花正开，万亩连成片
❷ 60岁苹果树依然繁花似锦
❸ 昭通红富士

素，能促进大脑发育发达，所以苹果又有"智慧果""记忆果"之美称。

医学教授谆谆告诫："一日一苹果，医生远离我。"这已经是我们熟知的健康口号。苹果有医疗功效，堪称健康卫士，红色苹果连皮吃可以美容美发、滋润肌肤，中老年人常吃苹果能抗衰老、延年益寿。

难怪，伊甸园中的人类始祖亚当和夏娃因受蛇诱惑，冒着触怒天帝的危险，偷吃园中"禁果"——苹果，把西方的圣经故事，演绎得如此浪漫和神秘。

洒渔苹果，以它特别的风姿和独特的口味，成为昭通苹果的"形象大使"。它的魅力就不言而喻。

洒渔果农把拉枝整形、疏花疏果、打药施肥、套袋贴字、铺反光膜、高接换头、改良品种等与苹果栽培有关的"十八般武艺"应用得淋漓尽

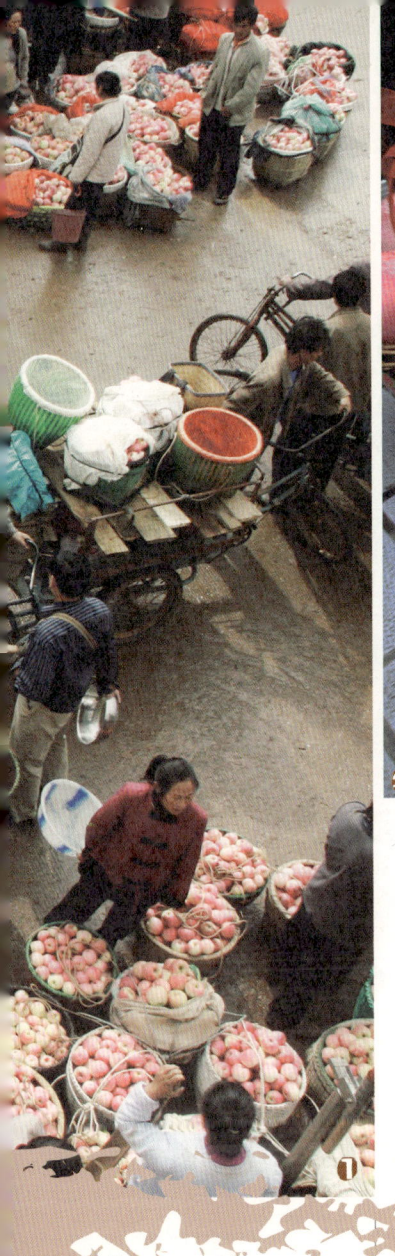

致，并把厚土沃野、贫瘠山地都当成了种植苹果致富的大舞台，着力打造"中国苹果之乡"。

洒渔苹果不仅适用，而且成了一门艺术。洒渔果农已能娴熟地利用光能物理学中的遮光（光合）原理，于苹果生长旺盛期用纸袋为它遮光，那套上纸袋的果林，晃眼一看，似乎已是硕果满枝。但请不要心急，收获季节，掀起它的盖头来，光生生粉嘟嘟香喷喷的红苹果，像心仪已久的少女，会给你期待的心一种溢于言表的惊喜。

利用遮光贴字的红苹果更是让人心动不已。粉嘟嘟的红苹果脸上，竟然可以呈现出一个个艺术汉字，组成"福禄寿禧""四季发财""恭贺新禧""生日快乐"，以及唐宋名家的诗词，这是天工和人文的绝妙结合，红白相间的文字，古朴庄重又别有情趣。

贴有吉祥文字的红苹果销往中国香港和南洋一带，深受顾客的青睐。

物换星移，日月如梭，洒渔的苹果产业已日趋壮大完善，从单纯的果品生产、零星出售到苹果的集团出征、网络化运作

❶ 镇上的苹果早市
❷ 篮装苹果

和产品的深加工，与昭通其他区域的苹果生产相辅相成，并责无旁贷地担当"龙头"，发挥"品牌"作用，已有规模效应，已蔚然气象。

更为可喜的是，昭通各级党委、政府把苹果生产作为一项重要的产业，从规划布局、政策保障、科技投入、市场培育等方面采取了积极有效的措施，昭阳洒渔已成为国家级的"苹果基地"，赢得中国"苹果之乡"的美誉。洒渔苹果的生产发展，前景必定无限广阔和辉煌。

昭通得天独厚的气候资源造就了优越的自然环境，所产苹果色泽鲜艳，肉质细脆、甜酸适度，汁液丰富，风味浓郁，近些年来，逐步被世人发现和认可。有人说，昭通红苹果，单就口感而言，当属全国最好吃的了，昭通红苹果，堪称"果王之王"。就是美国进口的那些优质苹果，也就是看起来好看点，比起昭通苹果来就差远了。

当然，昭通苹果集中种植在昭阳区。整个昭通坝子到处都是苹果园，包括西边的洒渔坝子。假若从高空看去，整个城市就坐落在一个非

❶ 月初早熟的生态樱桃
❷ 成熟的昭阳红玫瑰葡萄

常大的苹果园中。一年之中有大半年，全城到处都有红红的苹果销售，难怪，人们都把昭通城称为苹果之城了。

在苹果园之间，还会发现很多的葡萄庄园，尤其是火热的秋初，走进昭通城凤凰山东面或南面脚下的层层楼田般的葡萄林里，一股淡淡的玫瑰香味扑鼻而来，一串串沉甸甸的葡萄犹如珍珠玛瑙晶莹剔透，散发着玫瑰花香，沁人心肺、让人心醉，让人垂涎欲滴。这是近十来年一下子火爆起来的昭通红玫瑰葡萄。或许就是时机和空间的必然选择，红玫瑰葡萄在昭阳区落地生根，找到了最适合自己的生物坐标，于是就产生了一种完美的结合。昭通红玫瑰葡萄，还来不及向外推广，在信息和交通空前发达的当下，已经被外界认可了，而且还从新加坡率先打开了出口通道。正如一位美国朋友说的，昭通红玫瑰葡萄，在他看来，当属全世界最好吃的葡萄了。

还有一样"果中之王"，樱桃，又叫莺桃，据说黄莺特别喜好啄食这种果子，故名。葡萄井的樱桃个头大、色泽鲜、滋味甜。因其色

阡陌纵横的农田

泽鲜红如玛瑙，颗粒玲珑圆润如珍珠，色泽红艳光洁，肉味鲜美，汁水甘甜如饴。然须种植、呵护数年方得结果，故有谚语云：樱桃好吃树难栽。确实，葡萄井的樱桃栽种历史悠久。

作为食物，稻米不算果，却是一道景观。金秋的洒渔坝和风送爽，云淡风轻，洒渔河里涟漪轻漾，水草柔柔地在水底招摇。更让人流连、嗟叹的是浸透整个洒渔天地的金黄，树木金黄，山地草坡金黄，无垠的田野金黄。这金黄过目不忘、摄人心魂，这金黄让人充实、熨帖、憧憬和满足。

洒渔稻米产自高原山间盆地，因其地理位置特殊、水质优良、气候昼夜温差大等因素，洒渔稻米粒大饱满、晶莹润泽、温软绵

悠、清香甘甜,已是闻名遐迩的稻米品牌,很响亮地名之曰:洒渔米。稻米是昭通人居家过日子都离不开的主食,一日三餐能有"洒渔米"相伴相随,日子倍觉滋润、充实,自是人生快意之事。然而,洒渔米中的极品当是木瓜林大米。

木瓜林是洒渔坝上段苏家院乡的一个小村落,昭通城连接金沙江的通江公路自东往西,从村落旁曲折伸展,蜿蜒爬上西边的大山。这个以消暑解热植物木瓜命名的小村庄,便成了公路玉带飘摇之后遗落在洒渔坝的一件珍贵首饰。依了山势,木瓜林的人家舒舒密密,远远近近,散淡闲适的乡村神韵四季皆生,各有风骨。依了山势,木瓜林的稻田,高高低低,错落有

金秋田园

致,春水进田,夕阳中波光潋滟,散金碎银般粼粼生辉,颇有几分元阳梯田的气韵风情。木瓜林大米的"原产地"据说只有八九亩稻田,泥色黑沁油亮,肥若脂膏,所出稻米品质异常出众,谓之"木瓜林大米"。木瓜林大米米粒颀长匀称,色泽温润,如翠玉珠玑般晶莹明澈。抓捏一把在手,手感清凉滋润、熨帖无比。手松时,滑腻的米粒缓缓滑落,似一缕清风轻轻掠过手心指缝,也如一汪清泉盈盈在手,悄悄流逝。

木瓜林大米的神奇之处更在于生米煮成熟饭。新米下到铁锅里,用铝盆反扣严实,猛火烧开,文火烘烤。煮熟后的木瓜林大米方显露其超凡脱俗的风姿:晶莹洁白,清香袭人,黏糯绵悠,甘甜无比,叫人垂涎三尺。白玉般的饭粒会一颗一颗竖立在锅内,晶莹润泽,挤挤挨挨却又历历可数。有米如此灵异如若仙物,旧时辛劳栽种稻米的百姓是绝无口福"甘食其土之有"的。据传清代木瓜林大米即被慈禧太后"钦点"为皇宫贡米,丈量了田亩,核定了产量,除种粮外,一颗稻谷都不能留下。北上京城,数千里征途,山遥路远、舟车劳顿都要上贡给皇亲国戚享用。原本活色生香的木瓜林大米披上了帝王的"黄马褂",名声大噪,已非俗物。

世界的大山包

> 人们喜欢这里,是感受古朴茫苍,重返原始情态,摆脱万丈红尘羁绊,放飞心灵,寻回自我的清心静地。

大包山沿途风景

自然,是上帝赐给大地的一部百科全书。如果说昭阳区这块土地不显山露水,那大山包,无疑是这块土地上装饰的一幅泼墨写意山水画。它位于云南省昭通市昭阳区西部,与邻近的炎山、大寨、田坝几个乡,俗称西凉山。距市区79公里,地处五莲峰东部,海拔在2500米至3364米之间,总面积192平方公里。湿地面积5958公顷,平均海拔3200米,属于高山沼泽化草甸高原湿地。地下泉眼众多,对下游和周边地区水资源补给有重要作用,大山包湿地是原生性的植被类型。在植被分类中,分为6个群丛,从水生到中生的生态过渡系列完整,在亚高山沼泽化草甸中具有典范性和代表性,在《中国湿地保护行动计划》中已被列入中国重要保护湿地名录。根据《湿地公约》国际重要湿地标准中基于水禽的规定"在能获得种群数据的地方,它定期养育有水禽一种或亚种1%的个体"来衡量,大山包湿地也远远超过国际重要湿地的标准。是上苍赐给人类的一份精美礼物,美丽了一片山水,带给了人们无尽的遐想。

无论什么职业的人,到了这里,都认为它就是一片天堂

般的美景。碧蓝深邃的穹苍，广袤宏博的草地，瑰丽奇幻的云霞，傲然挺立的鸡公山，无不蕴藉着纤尘不染的清新妙曼。更有清波绿水之间翩然徘徊，在冰天雪地、玉宇琼花间轻歌曼舞、低滑高翔，被列为国家一级保护动物的黑颈鹤。徜徉在这样一个美丽神奇、声名远播的地方，就像走进了一块纯净灵魂、荡涤俗尘的处女地。摄影家说，大山包步步可以入画，四

季能够成图;文学家说,这里是作家激发灵感、淋漓才情的圣地;游客说,这里阳光堆积,云儿漂白,湖水澄碧,有着人鹤共唱的和谐动听歌谣。

　　人们喜欢这里,是感受古朴茫苍,重返原始情态,摆脱万丈红尘羁绊,放飞心灵,寻回自我的清心静地。有人说,没有到过鸡公山,就不算来过大山包。如果说大山包绵延起伏的山丘,碧色连天的草原,浮光跃金的沼泽湿地,温情脉脉的湖泊,都是柔美的,是母性的、阴性的,她温婉含蕴,柔美凄清,妙曼迷人,那么,雄奇险峻、奇兀突出的鸡公山,就是父性的、雄性的,他夺人魂魄,气势巍峨,壮观严峻。从跳墩河水库的大坝往前,踏着软绵绵的草甸,顺着起伏的山包,走上两三里路,就到了闻名遐迩的鸡公山。到了鸡公山,感觉那山被造物主鬼斧神工般猛然一掌,硬生生将其砍断,陡然在这温厚的草甸间,劈出

大山包

一个绝对高度达两千多米的大峡谷，形成一个深不可测的悬崖，刀劈斧削一般的绝壁，望之让人头晕目眩、惊骇不已。

鸡公山是大山包的巅峰时刻，它以无与伦比的雄壮昂头立在大山包最高的地方，站成了一种伟岸，站出了一种高度。有了鸡公山的险峻雄阔，鸡公山峡谷才有了浩浩长风的壮美。太阳刚出来，暗红色、玫瑰色、橘黄色的那些不断变化色彩的云飘然而至，涌动成壮阔的海洋。只是这海是多彩的、是斑斓的，它随着黄昏晨雾悄悄潜入梦境，于是你的梦里就有了漫天流霞。如果在温厚的草甸上，

仙居

❶ 大山包湿地
❷ 大山包

遥看远山，俯瞰深峡，还觉得意犹未尽的话，胆量大一些的，便可走走"鸡脖子"，它是一条飘在云里雾里、宽仅一米左右、两面都是绝壁悬崖的小道。小道边上，人会脚软筋酥、胆战心惊，不敢站直身躯，俯伏下来，才敢细看崖底陡然变小的村庄、河谷。面对此情此景，会倍感造物主的神奇和张狂。爬到"鸡冠子"上面，从那里，感受鸡公山雄奇险秀、直耸云霄的气势，感受孤峰独立、危岩高耸、难以言表的深深震撼。鸡公山下，收入眼帘的便是缥缥缈缈变化万千的云海，那是大山包美不胜收的绝景之一。

厚实的白云，密不透风地铺展开来，纹丝不动，静默安宁，只把那雄峻的"鸡公"露出来。那云海，

像绵密上好的棉絮，被天工巧手织就，细细腻腻，松松软软，缠缠绵绵，密密实实，恰好把危险而陡峭的山崖遮盖，敦厚安详，文静宁谧，与大山包高原的草甸亲昵地连接，平铺到遥远的天际，隐隐迢迢，如青玉一般温润，与高低起伏的山峦连在一起。凝神驻足，会给你一种幻觉，会激起一阵冲动，真想迈步踏上去，就可以脚踩祥云，直飞天际，可以直入仙境，乘风九天揽月。登临鸡公山绝顶眺望，茫茫群山，绵绵无尽，轻烟薄雾般淡淡地、若有若无地弥漫在群山之间，使得气势雄峻的山峦像一块块青色的美玉，简约舒缓地在天幕上画出一线隐隐约约的轮廓，渐远渐淡，直到远远的天际，与空明的天幕不露痕迹、不动声色地熔融在一起。

　　此时，云与山相依相偎，若隐若现，顿时会觉得神清气爽、

树挂

心灵澄静。看白云悠悠，飘忽游动，那种历尽岁月沧桑却浑然不改的悠闲散淡，又恍若参禅，让人出神冥想，幽思不绝。如果你是有缘之人，登上鸡公山，必然会看到佛光。佛光是挺神奇的一种自然现象，没到过四川峨眉，却听说那儿可以看到佛光。号称"峨眉宝光"，闻名遐迩，以世界奇观而驰名中外。然而，让人匪夷所思的是在大山包的鸡公山上，就可以看到神秘吉祥的佛光。据说，要对佛虔诚、有佛缘的人才能碰巧看到佛光。能看到佛光的人，是有福的人。在鸡公山游赏，也许，一不小心，就会真的让你碰到。极目远山，不，甚至就连鸡公山对面的山都是明媚一片，阳光普照的时候，鸡公山却云遮雾绕，就在这时，一个半圆形的七彩光弧，罩着一座佛像，在山巅出现了，山为莲台，雾为背景。鸡公山的佛光，就在你的面前，不容置疑地出现了。一见到这一绝世奇观，每个人都屏住了呼吸，担心一说话就会惊动了神灵，就会惹恼了神仙，让

这奇幻似梦,令人虽亲眼看见犹自不敢相信自己眼睛的奇景刹那间消失。游客们是如此惊喜莫名,甚至有些紧张,或是恐惧,担心这神奇的景致倏忽不见,这万丈悬崖边的佛光,这昭示神灵旨意的景象,会被自己不合时宜的举动,或者是不敬之举冲撞而破散。山里人对佛光无动于衷,可是,远来的游客,对大山包鸡公山的佛光,却是津津乐道、翘首企盼的。佛家认为,只有与佛有缘的人,才能看到佛光,因为佛光是从释迦牟尼的眉宇间放射出的救世之光、吉祥之光,是"佛祖显灵"。

  佛光,看上去是一个七彩光环。而人影在光环正中。更奇的是,光环中的人影随着人动,变幻之奇,出人意料。"佛光"由外到里,按红、橙、黄、绿、青、蓝、紫的次序排列,直径2米左右。有时阳光强烈,云雾浓郁并且弥漫非常宽的时候,还会在小佛光外面形成一个同心大半圆佛光,直径达20

放牧的羊群

米至 80 米，虽然色彩不明显，但光环却分外明显。实际上，佛光是光的自然现象，是阳光照在云雾表面所起的衍射和漫反射作用形成的。"佛光"发生在白天，产生的条件是太阳光、云雾和特殊的地形。早晨太阳从东方升起，佛光在西边出现；下午，太阳移到西边，佛光则出现在东边；中午，太阳垂直照射，则没有佛光。只有当太阳、人体与云雾处在一条倾斜的直线上时，才能产生佛光。由于它是太阳光与云雾中的水

❶ 大山包
❷ 云雾山村

滴经过衍射作用而产生的，所以，如果观看处是一个孤立的制高点，那么在相同的条件下，佛光出现的次数相对要多一些。在鸡公山观佛光，佐以鸡公山的神奇险峻，应当是一处让人流连的景致。大山包的清寒苍凉，鸡公山的云飘雾绕，还要有佛缘的人才能见到的佛光，正应合着佛家的许多因缘。佛教自东汉年间就传入昭通境内，在昭通有着悠久的历史，境内的佛教徒为数不少。当然，如果说教堂，大自然本身就是一座最神奇的殿堂，每

个寻找精神家园的人都能在此找到路口。也许因为有佛光深藏其间,所以,大山包的太阳才如此灵光四射、辉耀苍茫。

高峡出平湖,绝美跳墩河。在漠漠高原上,在起伏平缓、浑圆平稳的山丘河谷地带,一汪碧水映入眼帘,水平如镜,清波荡漾,把白云蓝天、山峦丘峰轻描淡写地拥进了怀里。跳墩河水库向西流入金沙江支流牛栏江。由于没有任何工业污染,这里水质优良。经云南省水环境质量检测中心分析,达国家地面水环境质量标准Ⅰ类。1958年,为了解决邻近的田坝及炎山两乡的饮水和灌溉问题,开始修建跳墩河水库。1961年,筑成6米高的土坝,后来,被洪水冲毁。1974年组织重新设计施工,新选坝址位于原冲毁坝坝址下游约400米处,复建工程于1974年11月动工,1981年12月建成运行。水库总库容1250万立方米,承担着下游1.66万亩高稳产农田灌溉及炎山、田坝、梭山等高寒贫困地区3万多人口的生产与生活用水任务,平均每年供水450万立方米,具有防洪、灌溉、城镇供水、发电、水产养殖等综合开发利用功能。2005年4月,对其进行了除险加固,如今跳墩河水库又成了昭阳区防洪、农业灌溉的重点骨干工程,也是综合利用效益十分明显的水利工程。

跳墩河水库是大山包海拔最高、面积最大、水源最丰

❶ 牧
❷ 色块形成之前的感觉
❸ 甜美的草场

富的湿地区域。这里有着原始沼泽地，其中有许多被当地人称为"海眼"（天然泉眼）的沼泽池，海眼周围有丰富的由草根腐烂堆积而成的土堡，是沼泽地生物多样化的重要保证。据说，跳墩河水库中，有一个最大的"海眼"——鹿子塘，水面上百平方米，深不可测。鹿子塘是一个很大的天然泉眼，以前周围是各式各样的水草，非常漂亮。此外，水库区域还有白龙水井、白亮塘等沼泽池，都是又深又大的泉眼。

跳墩河在水库修建起来之前也是黑颈鹤、灰鹤、黑鹳、苍鹭、绿翅鸭、赤麻鸭、秋沙鸭、斑头雁、斑嘴鸭等稀有野生动物在大山包的最大生活场所。水库所淹没的几乎全是沼泽地，而黑颈鹤等野生动物主要就生活在沼泽地里。无论怎样说，跳墩河之于大山包，是一颗镶嵌于高原上的璀璨明珠，是一个童话，是一块温婉碧绿的翡翠，是一首凄美的诗。

在荒古的高原，在无极的天穹下面，站在茫茫水域的岸边，氤氲水汽在湖面薄雾轻纱般地飘浮，冷凉的风把四野的草吹得沙沙作响，如果

雪霁山村

❶ 大山包——冬
❷ 大山包雪韵

是晚秋或是冬天，猎猎作响的枯草上面，还会凝上一层冰霜。蓝，纯净的蓝，透明的蓝。看到这面蓝天白云的镜子，看到这碧绿青葱的翡翠，看到清澈醉人波光跳跃的跳墩河，看到这幅诗中的画，看到这首画里的诗，你就会不由自主地沉吟，世事沧桑，岁月流淌，只有这大智大慧的水，无论寒来暑往，无论春夏秋冬，无论世易时移、人事消磨，仍然碧绿依旧、青春依旧，清风徐拂，涟漪微兴，风流婀娜的模样，永远是人们流连忘返的地方。伫立跳墩河水库的岸边，极目远眺，那水汽迷蒙的深处，像幽微而不可探测的命运和未来，像隐约显现可望而不可即的绝世佳人，一丝丝淡淡的惆怅，一缕缕不可名状的忧伤，会像那湖面水汽般氤氲于你的脑海，会让你把前世今生的怀想，都在这里过滤。或许，面对这恬静舒适、美丽如画的优美环境，面对这如梦似幻的湖光山色，你的心灵会趋于宁静、愉悦、平和。

① 跳墩河水库
② 晨光

湖边柔软的草地上，常有游客搭起自带的帐篷，于霜天月地，于万籁俱寂中，与湖水相伴，静静聆听高原的声音，静静体悟生命的真谛。

在大山包，与跳蹬河齐名的另一个高原湖泊大海子，是以湖水的清澈和黑颈鹤柔美的舞姿而远近闻名。大海子四面环山，山虽不大，却山势蜿蜒，开阔坦荡。山上没有树木，是严严实实的大草甸子，覆盖着山的肌肤。春季来临，满山嫩绿，生机勃勃；夏天，野花灿烂，碧水蓝天；秋天，金黄遍野，云淡风轻；冬天，群鹤共舞，冰雪澄静。大海子每一个季节都拥有别致的风韵，让人流连忘返。湖水清亮澄碧，茅草嫩绿如毯，野花艳丽恣肆，羊群洁白似云，还有高原珍禽黑颈鹤，这一切倒映在湖水中无不染上一层亮丽的色彩。大海子视野开阔，风光旖旎，摄影极佳，海内外摄影家及游览者纷至沓来，成了摄影家的天堂。

除了水，还有草甸。仙人田，却不是田，而是一片辽阔的草原。一个充满诗情画意的地名，一个让人遐想联翩的地方，单凭这名字，就会令人心驰神往。走到闻名远近的仙人

金沙江怒涛

田,纯净幽蓝的天空,缀着朵朵悠闲的白云,万亩草场尽收眼底,萋萋芳草,茵茵翠绿,一下子扑面涌来,地势起伏平缓,如大江涌起,一波未平一波又起,给人以坦荡、豁达之感,同时又让人觉得委婉、含蓄。一阵风过,便可看到波涛起伏、碧色连天,那遍布满山的牛羊,正悠然觅食,很远的地方,还可看到一个披着羊毛披毡的牧羊少年,或是裹着鲜红头巾,同样披了羊毛披毡的牧羊女。有时候,还可隐隐约约地听到山歌

对答、牧笛横吹，此情此景，让人恍然置身塞外，以为到了蒙古大草原。只是，它少了星星点点洁白闪亮的蒙古包。然而，藏在起伏山峦间、在淡云薄雾里隐约缥缈的，不是蒙古包，是茅草屋。

大山包有草场19万亩，是昭阳区发展畜牧业的主要基地。而仙人田，则是大山包众多草场的代表。数年前，政府曾出资对仙人田进行飞播草籽，如今又是大山包发展畜牧业的重点草场之一。春夏之季，仙人田苍翠欲滴，牛羊满山，一派生机，让人充满希望；秋冬之季遍地枯黄，鹤群翩飞，抑或大雪覆盖，粉妆玉砌，却也并未让人失望，这种悲壮苍凉之美或许更能打动人心。走近仙人田，人们就会想起那首古诗："敕勒川，阴山下，天似穹庐，笼盖四野。天苍苍，野茫茫，风吹草低见牛羊。"仙人田万亩草场，虽说没有"笼盖四野"的深草，但碧绿如毯、满目柔软的草场，其美妙意境，应当是这首古诗的另外一种版本的美妙注脚。仙人田海拔3000多米，平坦无垠，视野开阔，黛青色的远山可依稀见到山顶，白云为衫，蓝天做幕，真让人有仙女下凡之感，令人心旷神怡、耳目一新。

茸茸草丛间，色彩斑斓、星星点点的野花举目皆是，在青青芳草间竞相怒放，随风摇曳，散发幽香。无论走到

❶ 掠过高原的风
❷ 初晴

哪儿，你都可以随意躺下，扯一株微甜而略带涩味的野草，衔在嘴里，头枕双臂，仰望蓝天，你也许什么也不想，抖落满身风霜，忘却人生疲惫，抛开世俗烦恼，在这青草和野花编织的硕大摇篮里，像回到了无忧无虑的童年，像儿时躺在母亲的怀抱里一般，惬意安闲，宁静甜蜜。

看遍满坡芳草萋萋，你当然也会油然而生敬佩之情，那养活了牛羊、滋润着人类的植物，在这高原寒风中，在这瘦瘠薄土上，抽枝长叶，生长得何其艰辛，而连片接天地长出以后，又是何其的葳蕤蓬勃、生机盎然。在仙人田的青青草地上，你也可以毫无目的、毫无方向、轻松愉悦地优游漫步，芳草和野花的馨香，在清凉的和风中不断袭来，不竭不溢，不绝如缕，滋心润肺，浓淡相宜。你可以尽情沐浴其间，可以披着西凉山人独有的羊毛披毡，以蓝天为幕，以绿草为床，坦然入梦，沉醉酣眠。在草场上，常会看到这样一幕令人惊讶的景致，在遍山的牛羊中，会夹杂着一群本地黑色土猪，散漫自由，无拘无束，在鲜花和芳草间啃草、喝水、长膘。它们在蓝天白云下面，呼吸着清爽芬芳的空气，漫游奔跑，可能是天底下最快乐无

忧、最自由自在的猪了，因为快乐地生，肉就特别的醇香。

冬天是和童话一起来的，这时候的大山包纯色一片，没有杂质，通透，坦然。当朔风劲吹，雪花飘飘，衰草连天，大地一片肃杀的时候，仙人田草场的青草一夜枯黄，呈现另一番景象：蓝天高远，冷凉的阳光虽然普照大地却毫无丝丝暖意；或是寒风冷月，琼花遍野，满世界玉洁冰清，"白茫茫一片大地真干净"；或是浓雾弥漫，寒气透心，四野迷迷蒙蒙、混混沌沌，除了牵衣穿腋、缭绕来去的湿雾再难看透百步开外。每一株小草脆弱的茎叶上都结满了冰霜雪凌。此时，仙人田便真的是塞外边关、漠北冷地了。那种荒寒，那种苍凉，那种清冽，那种凄美，那种原始古朴，那种亘古沧桑，竟会营造出这样一种苍凉之美。说不明道不清的仙人田，写不完叙不尽的大草原，如果不是亲自走走，你又怎能真正领略那份野趣，那份宏阔，那份清新，那份壮美！

大山包，一个令人神往的地方，除了芳草萋萋，野花片片，湖水清清，广袤的草山风光，大片的湿地沼泽，雄壮的峡谷川流等优美的自然风光外，还有一项特别的极限运动——翼装飞行，更是让昭通大山包惊艳世界。2016年，"爱心飞翼第二届中国昭通大山包国际翼装飞行世界杯"如期而至，来自世界二十多个国家的五十余名运动员和裁判齐聚大山包角逐世界"翼装之王"，国内外媒体、游客、极限运动爱好者共万余人造访，9月25日至27日央视体育频道连续3天对赛事进行直播，听起来土土的"大山包"，再次被世界瞩目。

磅礴鸡公山

似曾相识雁归来

> 当秋风横扫,草木凋落,大山包高原一派萧瑟的时候;当朔风劲吹,雪花飘然洒落,大山包银装素裹,盛开玉树琼花的时候,高原深邃湛蓝的天空,便会听到黑颈鹤"咯——噜——咯——噜"清脆悦耳的叫声,便会看到排成一字形或人字形的雁阵。

鹤从遥远的天际飞来,掠过万里山河,九州烽烟,八千里路云和月,带着西伯利亚的寒意,带着异国情调的兴奋,带着风雨兼程的疲惫。是因为与昭阳大山包的冬天有个约会,与高原的气候有个默契,与红土地的肌肤有个亲近。

黑颈鹤飞临之前,藏在乌蒙山深处的昭阳区大山包,因山高路陡,长期处于几乎与世隔绝的状态。20世纪中期,因国家一级保护动物黑颈鹤来此越冬,大山包逐渐被打造成为国际重要湿地和国家级自然保护区。"飞鸟"让这个位于大山深处的穷乡僻壤逐渐进入公众视野。再贫乏再无味的地方,只要有了一种精灵,只要有了一种珍稀奇异,便有了生气,有了灵魂,有了诗情,有了画意,有了历远不衰、恒久不灭的魅力。而出尘脱世的大山包,因为有了黑颈鹤,变得更加诱惑迷人,更加令人神往。

黑颈鹤又称"藏鹤、高原鹤、雁鹤",与大熊猫齐名,为国家一级重点保护动物。它是唯一生活在高原的珍贵物种,目前全世界仅存六千多只,而且大部分生活在中国。而昭阳区的

大山包乡，是黑颈鹤最大的越冬栖息地。在大山包，在西凉山，人们称黑颈鹤为"雁鹅"。有民谣为证："雁鹅雁鹅扯长，扯在我家堰塘。犁头犁头弯弯，弯到我家地边。簸箕簸箕团团，团到我家门前。"大山包歌谣流传已久："雁鹅飞起脚杆长，不歇高山歇平阳。雁鹅爱的平阳地，小妹爱的有心郎。""远方飞来一群鹅，飞的飞来落的落。一群飞到大海子，一群落在跳蹬河。"

　　黑颈鹤双飞双宿、死生相许的凄美故事，在民间广为流传，那种重情重义的高尚情操，尤其让人敬重、爱慕。在滇东北，人们一直诉说着这样一个故事。很早以前，一群从苦寒之地飞来的黑颈鹤经过大山包，突然有一只雌鹤从天上跌落到一户张姓人家的院子里，昏死了过去，这家人救活了它。寒暑更替，冬去春来，鹤与这

相约

家人生活了近一年，人鹤相处，其乐融融，鹤与这户人家的小男孩相处尤其亲密，感情深厚。张姓人家与村民发现一个怪现象，这只孤独的雌鹤，常常跑到外面仰天哀鸣，唳声凄切，让人心酸。直到来年九月初的一天，在雌鹤的鸣号声中，一只雄鹤出现了，在天空往来盘旋后，循着雌鹤的叫声，羽衣飘飘，冉冉飞临，轻轻地降落到了张姓人家的庭院里，雄鹤先用嘴轻轻地衔着雌鹤的羽毛低低地叫着，下定决心要把雌鹤带走，携它重返浩瀚的蓝天，重返鸟类那自由无羁的国度。但是，数次振翅，雌鹤都无力飞起，雌鹤只好松开了雄鹤，雄鹤急忙用颈部揽住了雌鹤，在院子里不停地转圈，恩爱无比。也许，是因为受了重伤后的身躯没有痊愈，再难重返青云；也许，长久的陆地滞留使它丧失了翱翔长空的活力；也许，是这家人的精心呵护，这家人的深情厚谊，这家小男孩的朝夕相伴，使得这只重情重义的鹤也有些不忍心轻易别离。两只鹤就这样在院子里痛苦鸣咽，交颈而鸣，最后，雄鹤与雌鹤揽在一起，双双倒地身亡。那个小男孩亲眼看见了这令人肝肠寸断的一幕。蓝天上，一群黑颈鹤聚在上空不走，见双鹤倒地气绝，纷纷绕着双鹤扑地的上空，盘旋回环，唳声不绝，很久很久才飞离这个地方。黑颈鹤的情深义重，由此可见一斑。

这种生死相依不离不弃的传说，已成了鸟类最绝美的诗，最壮美的画，成了动物的千古绝唱。

几乎每一个西凉山人，都认为黑颈鹤是神鸟，是吉祥鸟，对孩子从小就进行教育，不能捕杀。以为捕杀后会天降灾难，庄稼会歉收，人畜会生病。黑颈鹤为大型珍禽，身高约1.5米，双翼展开，宽度超过1.7米；头部、颈部、尾部的初级、次级飞羽均为黑色，身体其余部分的羽毛为灰白色，头顶裸露处像丹顶鹤一样呈朱红色，有较高的观赏价值。

黑颈鹤到了繁殖的季节，一对对配偶总是形影不离、成双成对待在一起，其他时间，则以家族群体活动，或结群活动为

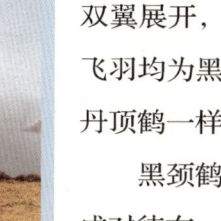

主。繁殖期间，雌、雄鸟常引颈对鸣，叫声为响亮的"咯——噜"声，并有优雅的求偶舞蹈。它们总是在沼泽地中安全的地点营巢。黑颈鹤不但情深义重，绝无见异思迁、喜新厌旧的恶习。黑颈鹤的家庭是简单而富于亲情的。一般父母带着一到两只幼鹤到越冬的大山包，常常一家行动，都是幼鹤在父母中间觅食，雄鹤还负责安全警卫任务。母鹤在寻找到食物后会让幼鹤饱餐一顿。群鹤常见三十多只一字排开，在坡地、农耕地或沼泽里觅食。群鹤大多属没有参与繁殖的"青少年"鹤，其中偶尔也有少数家庭鹤参与其间，群体数量不稳定。黑颈鹤觅食结束后会回夜宿地休息，觅食几乎都在上午、下午进行。

在大山包，人们发现黑颈鹤的食物以水生植物为主，莎草科植物和农耕地里的洋芋、萝卜、燕麦、荞麦都是它的美味，动物性的食物主要是沼泽地里的螺蛳、鱼类、虾类和昆虫，特别是大山包湿

镜湖仙姿

地中的多种蠕虫，是黑颈鹤的大菜。在取水生植物地下根茎时，采取啄探的方式，把喙伸进地下或沼泽地里，夹住食物，先离开泥土在空中甩甩泥，然后再在水中清洗，才吃下食物。有的家庭，幼鹤会向父母要吃的，做父母的成年鹤取到食物后会把喙转向幼鹤，幼鹤直接从父母的喙中衔出食物。黑颈鹤是世界上现存15种鹤中最晚被科学界发现、记录的种类，也是唯一一种栖息在高原地区的鹤。它在青藏高原及其邻近地区海拔3500~4500米的高原沼泽繁殖，在青藏高原南部和云贵高原2500~3500米的高原或山区越冬。仅有少数个体在印度越冬，通常被认为是中国特有鸟类。

云南大山包黑颈鹤自然保护区目前分布着全国最大的黑颈鹤越冬种群。自从2004年开展卫星跟踪黑颈鹤项目以来，基本掌握了云贵高原黑颈鹤的分布、数量和迁徙情况，赴滇越冬的黑颈鹤主要来自四川诺尔盖和甘肃玛曲两个保护区。近几年，飞临云南大山包自然保护区越冬的黑颈数量达 1300 多只。在大山包，每年农历九月至次年三月，是黑颈鹤飞临越冬的时节，农谚有"来不过九月九，去不过三月三"的说法。大山包属高山丘陵地形，坡度平缓，草场宽阔，草甸沼泽星罗棋布，水草丰盛，空气清新。分布于海拔 3500 米左右的亚高山沼泽化草甸湿地生态系统，是我国独特的湿地类型，为黑颈鹤安全越冬提供了理想的环境。保护好大山包的湿地就是保护黑颈鹤，这不仅对研究黑颈鹤种群、对亚高山湿地及生物多样性保护具有极其重要的科学价值，还对保护长江中上游的水土具有不可低估的重要作用。1988 年，世界野生动物基金会不无悲哀地预言：未来 10 年内，世界上将有 10 种珍稀濒危动物灭绝，其中包括黑颈鹤。又一个 10 年

大山包

过去了，不幸的预言幸而并未成为事实。随着社会经济的不断发展，党委、政府越来越重视环保工作，人们的环保意识也不断得到提高。大山包1994年被评定为省级自然保护区，保护区范围包括整个大山包乡。昭通市昭阳区人大还制定了《昭通市昭阳区大山包黑颈鹤自然保护区管理办法》，使黑颈鹤保护工作走向了法制化、制度化、规范化。

2003年，大山包成了国家级自然保护区。2005年2月2日，国家林业局宣布，大山包保护区被国际湿地公约组织批准为"国际重要湿地"之一。经过历届领导的共同努力，大山包的黑颈鹤保护工作受到了前所未有的重视，各项保护措施让人难以置信地全部得到了落实。大山包先后实施了种草、植薪炭林和移民等重要工程。当地政府在财力十分紧张的情况下仍然

❶ 人鹤情
❷ 鹤舞高原

挤出资金，优先投入到这些对于黑颈鹤保护有着重要意义的工程项目上。大山包乡、村、组干部及当地村民更是以高涨的热情，不惜牺牲个人的利益而投入到这一系列功在当今、利在后世的重要工程之中，无论春夏秋冬、严寒酷暑，人们总能看到当地政府和保护区工作人员在忙碌着，要么指挥种草植树，要么参与劳动，要么救治病鹤。

人们早已把黑颈鹤视作自己生命的一部分，并为之做出了巨大的牺牲。大山包自1994年建立省级自然保护区以来，在当地政府和林业部门的艰苦努力下，广泛种植青草，发展草场，为黑颈鹤觅食开辟了广阔的生存空间。同时，加大种植薪炭林的力度，有效地缓解了当地燃料缺乏的问题。退耕还草、退耕还林、退耕还湿，并打坝筑堤，以利于沼泽湿地的形成。尤其重要的是，对大山包实施移民工程，这对黑颈鹤的保护起到了至关重要的作用。将居住在黑颈鹤自然保护区域内核心区的759户3245人全部异地安置到云南省思茅市（现为普洱市）江城县安家落户。这项异地迁安工程自2001年3月9日启动，在三年之内把居住在核心区的三千多居民全部搬迁。搬迁后留下的土地，乡党委、乡政府对其实施了还林还草工程。

对大山包保护区核心区的居民实行异地开发扶贫，这一伟大的工程，从提出到实施就注定了它在乌蒙山的历史上是开天辟地的，是绝无仅有的，是前无古人的，它再一次展示了乌蒙山人博大的胸襟、宏阔的气魄。这种为了一种鸟儿的生存而让出祖祖辈辈繁衍生息家园的壮举，在乌蒙群山中一石激起千层浪，它拨动着每一个深爱着黑颈鹤、深爱着家乡的乌蒙山人的心弦。这项工程的顺利实施，让人不能不抬头仰望那些善良纯朴的山民，不能不对他们充满深深的敬意，是他们，以远离故土、阔别家园为代价，以坚韧的毅力，成就了黑颈鹤惊世绝俗的美丽；是他们，让人们不由自主地想起了历史上一次次民族大迁徙的悲壮。

当秋风横扫,草木凋落,大山包高原一派萧瑟的时候;当朔风劲吹,雪花飘然洒落,大山包银装素裹。当玉树琼花盛开的时候,高原深邃湛蓝的天空,便会听到黑颈鹤"咯——噜——咯——噜"清脆悦耳的叫声,便会看到排成一字形或人字形的雁阵。村民们熟悉而亲切的仙鸟,在村民们的翘首期盼、殷切等待中,不远万里千山,不畏风霜雪月,从遥远的青藏高原,披拂着满天绮霞,带着吉祥和幸福,守着千年不变的诺言,携带九死不悔的初衷,如约而至,翩然降临。

鹤之灵

　　一泓清波、澄澈如镜的大海子，把蓝天、白云倒映在湖面上，也把黑颈鹤轻盈灵动的翩然身影，映照在粼粼水面。黑颈鹤清越悠扬的啼鸣声，唤醒了大山包高原的生机与活力，黑颈鹤妙曼蹁跹的身影，惊醒了大山包高原的万种风情。大山包沉寂的雪原，因为黑颈鹤的到来而喧沸了。如果大山包是一幅雄浑壮阔的画，那么黑颈鹤就是一首高亢激越的歌。

　　天边是轻淡的蛋青色，遍地的野草，沾上了白霜，冷冽而清新的空气中，一群群人静默不语，凝声屏气地望着波平如镜、涟漪微兴的湖面，在离岸一两百米的湖边浅水里，一片片

伫立着成群结队的黑颈鹤。慢慢地，天边有了一丝丝轻渺的绯红，那红色慢慢地变得越来越娇艳，最后，从远远的天际，射出了绮红的光芒，太阳就快升起了。这时候，鹤群开始有了动静，单腿伫立的黑颈鹤，不时伸展一下翅膀，或是轻轻地把长长的喙伸到伴侣的羽毛间，梳理一下。当一轮红日从云海之间骤然升起，把湖面映照得一片通红的时候，一声声清啼划过湖面，飘向四空，三两只黑颈鹤开始翩然飞舞，在天空中轻盈盘旋，接着，一群群黑颈鹤欢腾而起，在清晨的阳光中，在纯蓝冰清的湖面上空怡然飞舞。

随着太阳的不断升高，滞留在湖边的黑颈鹤，开始漫游到了湖边的

亲情

跃出地平线

草甸中，优游从容地开始觅食。不时振翅而飞，长长的羽翼，伸展出优美的弧线，滑翔在蓝天白云、湖光碧水之间。对对双双的黑颈鹤，安闲恬淡，仪态万千，雍容华美，把大海子、把大山包高原点缀成隔世乐园，恍然成了人间天堂。中午时分，投食员走近鹤群，已经与投食员异常熟悉的黑颈鹤，并不畏惧，仍静静伫立，最后纷然走近，高雅地品尝着人们馈赠的美味佳肴。

觅食后的黑颈鹤，有时会在湖边的浅水里沐浴梳洗一番，把它们动人魂魄的身躯，浸润在明净的湖水中，一阵阵抖动后，才亭亭玉立于高原宁静的阳光里，晾干全身的羽衣霓裳，同时还不忘用长长的喙慢条斯理、认认真真、仔仔细细地梳弄一番。有时，黑颈鹤会尽兴地"歌舞"欢戏，它们或是凌空跳跃，或是交颈欢鸣，对对双双，相偎相依，在碎金散银般发出闪闪波光的沼泽地里，正值青春妙龄，仙风道骨、绝尘脱俗的黑颈鹤，幕天席地，自由无羁，它们时而长喙短触、亲密无间，时而舒膀展翅、相互追逐。娉婷袅袅，"玉盘舞来掌中轻"；低吟浅唱，"人间能得几回闻"。超然忘我地倾吐着它们醉心酣酽的恋情，清亮悦耳、沁脾润腑的叫声，羽衣飘飘、袅娜多姿的舞蹈，如梦似幻，轻灵绝世。

大山包用无私的爱温暖了这片风雪高原。鹤因人而少了一分生存的艰难，人因鹤而多了一分生命的亮色。在大山包高原，随意走到一个地方，你都会不经意地看到三三两两的黑颈鹤，在牛羊混迹的山坡上，在放牧牛羊的少男少女的笛声唱和里，悠闲地在草间漫步、觅食，温馨宁静，无虑无忧，舒心畅意，恬美和谐。临近黄昏，大地静谧宁和，缕缕炊烟从高原人家的茅屋上袅袅升起的时候，远飞的黑颈鹤又成群结队地飞回栖息地，在盈盈蓝天，在千层碧波、万点晶莹的湖面，在美得让人心醉的夕阳映照下，留下了美轮美奂的剪影。